JMGEBUNG um 1905

Endenich

Poppelsdorf

STADT BONN

RHEINSTROM

D1730485

Doris und Arnold E. Maurer
BONN ERZÄHLT

Doris und Arnold E. Maurer

BONN ERZÄHLT

Streifzüge durch das literarische Bonn
von 1780–1980

Keil Verlag Bonn

Inhalt

Vorwort

Eine kleine Literaturgeschichte der Bundeshauptstadt auszubreiten, hat sich dieses Buch zum Ziel gesetzt. Natürlich konnten nicht alle Dichter und Schriftsteller behandelt werden, die je etwas über Bonn gesagt haben oder hier lebten; die *kleine* Literaturgeschichte wäre auf etliche hundert Seiten angewachsen.

Es galt, aus der Fülle von Material über berühmte Besucher, Studenten, Professoren und Bonner Literaten auszuwählen, was uns besonders aufschlußreich, witzig, interessant erschien – auch im Hinblick auf das heutige Bonn.

Man möge uns verzeihen, wenn der eine oder andere Leser seinen Lieblingsautor vermissen sollte, wir manches Spezialgebiet der Lokalhistoriker nur gestreift haben. „Streifzüge durch das literarische Bonn" haben wir unternommen, nicht mehr und nicht weniger.

Dabei mußte das literarische Umfeld berücksichtigt werden. So enthält das Buch nicht nur Kapitel über den Salon der Sibylla Mertens-Schaaffhausen, den Kreis um Johanna und Gottfried Kinkel, den Nobelpreisträger Luigi Pirandello und das Bild Bonns im Roman, sondern auch über den Theaterbetrieb im 18. Jahrhundert, Buchdruck, Buchhandel, die Bibliotheken und die aufklärerische Lesegesellschaft.

Den Autoren hat die Reise in die literarische Vergangenheit der Stadt, in der sie seit geraumer Zeit leben, Vergnügen bereitet. Sie hoffen, auch den Bonnern mit diesem Buch eine kleine Freude zu machen und Besuchern sowie Wahl-Bonnern einige interessante Aspekte vermitteln zu können.

Für freundliche Hilfe sei allen Mitarbeitern des Stadtarchivs, insbesondere Frau Ilse Riemer und Herrn Paul Metzger gedankt, für ihr Entgegenkommen und für wertvolle Auskünfte

dem Ehepaar Kerp, Frau Ute Herbert und den Herren Karl
Gutzmer, Carl Kayser, Wolfgang Leser, Dr. Günter Röttcher.

Bonn, im Juni 1983   *Doris Maurer*
                                                Arnold E. Maurer

Berühmte Besucher in Bonn

Von Coryate bis Kerr

So manche Berühmtheit hat Bonn besucht, und einige von ihnen brachten ihren mehr oder minder differenzierten Eindruck von der Stadt am Rhein zu Papier.

Der englische Reiseschriftsteller Thomas Coryate, der sich 1608 auf eine Reise nach Venedig begibt, berührt auf der Heimfahrt auch Bonn. Er betrachtet nur das Schloß des damaligen Kurfürsten Ferdinand, über das er herablassend-wohlwollend berichtet, kann es doch mit den Herrlichkeiten, die England zu bieten hat, nicht konkurrieren: „Einige Meilen vor Köln kamen wir in die schöne Stadt Bonn, die letzte Zollstation zwischen Mainz und Köln. Es gehört dem Erzbischof von Köln. Er hat hier dicht am Ufer einen Palast, der ein prachtvolles und fürstliches Gebäude ist und sich doch nicht mit den Palästen unseres Königs James und denen vieler Mitglieder unserer Aristokratie messen kann. Ich betone dies, da ein Mitreisender mich herausgefordert hatte, ihn mir nur ja gut anzuschauen, da es dergleichen in England wohl nicht gebe. Doch war seine Meinung falsch und irrig . . . Bei dieser Stadt verlieren sich die steilen Berge, die seit Bingen beide Ufer des Rheins wie natürliche Bollwerke gesäumt haben, in der Ebene, die sich fortsetzt, bis ich zum Ende meiner Reise in den Niederlanden kam." Die Rheinromantik ist noch fern, und genauere Stadtbeschreibungen sind nicht zu erwarten, dafür war Bonn für Coryate nicht interessant genug. Er berichtet nur detailliert aus seinem eigentlichen Zielort Venedig, das mehr zu bieten hatte.

Gut 150 Jahre später weiß auch Giacomo Casanova über die Stadt, die er von Köln aus besucht, um an einem Ball im Schloß teilzunehmen, nichts zu erzählen; seine Erlebnisse in Bonn sind

Stoff genug: Er sprengt beim Spiel die Bank, was ihn für Monate saniert, speist mit Kurfürst Clemens August und muß die Geschichte seiner Flucht aus den Bleikammern zum besten geben. Zu einem weiteren Ball im Schloß, bei dem alle Teilnehmer sich als Bauern verkleiden sollen – ein Spaß, den Clemens August liebt – wird Casanova gebeten, und er amüsiert sich gut. Obwohl er bei seinem Abschiedsbesuch den Kurfürsten nicht antrifft und nur mit einigen Günstlingen des Hofes zu Mittag essen kann, muß er Bonn wohl – aus finanziellen Erwägungen – in guter Erinnerung behalten: „Der Aufenthalt von zweieinhalb Monaten in Köln verminderte meine Barschaft nicht, obwohl ich jedesmal, wenn ich mich am Spiel beteiligen mußte, verlor. Der eine Abend in Bonn ersetzte alle Verluste."

Der Schriftsteller Joseph Gregor Lang, der 1789 eine „Reise auf dem Rhein" unternimmt, lobt die „überaus reizende Lage" Bonns, und auch die öffentlichen Gebäude werden wohlwollend bis preisend erwähnt, die Innenstadt dagegen findet keine Gnade vor seinen Augen: „Die Straßen sind nicht regelmäßig, zu schmal, und die Reinigung derselben nicht sorgsam; das Pflaster ist schlecht, die Beleuchtung im Winter elendig, der Häuserbau im Durchschnitte mehr mittelmäßig als schön. . . Die öffentlichen Promenaden in der Stadt sind nicht zu rechnen, und wo sie sind, da sind sie so eng und eingeschlossen, daß man nicht einmal Atem schöpfen kann; dieser Fehler wird aber durch die schönen und häufigen Spaziergänge und Plätze um die Stadt sehr hinlänglich ersetzt." Führt aber einer der Spaziergänge auf den Kreuzberg, dann ist des Entzückens kein Ende: „Die Aussicht von diesem Berge ist über alle Beschreibung, und es scheint, die Natur hat ihn einzig in dieser Gegend zum Stand- und Sehpunkt bestimmt, um von da alle die Reize, die sie, sozusagen, fast an Bonn verschwendete, in Wahrheit zu genießen, denn unzählig sind die Gegenstände, die sich von da aus in der unabsehbaren Landschaft von allen Seiten herausheben. – Man denke sich alle landschaftlichen Naturszenen auf der Welt, das langweilige und augermüdende Meer davon abgerechnet, und ich wüßte nicht, ob eine vergessen sei, die sich hier nicht in schönster harmonischer Verbindung, in den glücklichsten Verhältnissen mit tausend andern abwechselnden Schönheiten der reichen Schöpfung dem staunenden Auge darmalte. Lauter, lauter Gottes- und Menschenwerke!" Besonders der Abend mit seinen Lichtspielen begeistert Lang: „Die Sonne war schon im Westen gesunken, und die Schatten der Wolken lagerten sich schon in den ruhigen Flächen und bestiegen die einsamen Gebirge, als ich noch dastand und die Freuden des schönsten Abends genoß. . . Das sanfte Licht durchglitzerte die Stirnen der Berge; die unvergleichliche halbwachende Landschaft lächelte unter seinem versilbernden Schimmer, und tausend und tausend einzelne Gegenstände, halb mit Lichte, halb mit Schatten vermischt, funkelten nur schwach in der allenthalben ruhenden Natur. Großer erhabener Anblick, mit dem sich mein Geist noch bis zu den Sphären erhob!"

Solche überwältigenden Naturerlebnisse scheint Wilhelm von Humboldt, der im selben Jahr wie Lang die Stadt besucht, nicht gehabt zu haben, seine Tagebucheintragungen wirken neben den Langschen Hymnen äußerst trocken: „Die Stadt Bonn ist an sich nicht schön. Enge finstre Strassen, schmale und nicht schöne Häuser. Aber das Pflaster ist sehr gut. Ich sah es beinah nirgends so gut" – was das Pflaster angeht, müssen die Herren Humboldt und Lang wohl sehr unterschiedliche Erwartungen oder Vergleichsmöglichkeiten gehabt haben.

Bei Wilhelm von Humboldt tauchen dann Klagen über die Bonner Studenten auf, die bei späteren Besuchern – in abgewandelter Form – häufig zu finden sind: „Meine Tischgesellschaft waren lauter Studenten. Aber einfältigere Menschen sah ich nie. Ein ewiger schaler Witz, die plumpen Manieren, die völlig ungebildete Sprache gar nicht gerechnet." Und auch dort, wo er lobt, kann bei Wilhelm von Humboldt für Bonn und seine Sehenswürdigkeiten keine rechte Wärme aufkommen: „Das Schloß ist sehr lang, und simpel, aber sehr regelmässig gebaut. Der Garten ist nicht vorzüglich schön. Allein von einem Ort, der alte Zoll genannt, hat man die herrlichste Aussicht. Der Rhein fliesst dicht unten vorbei, und man übersieht ihn und seine Ufer eine grosse Strecke hin . . . Aus dem Schlossgarten geht eine schnurgerade vierfache Allee nach dem Lustschloss Popelsdorf (sic). Es ist ein ganz hübsches Gebäude. Im Schloßhof herum

11

besteht die unterste Etage aus blossen Arkaden. Zwischen jedem Schwibbogen ist an der Wand ein Hirschkopf angebracht und drunter steht auf blechernen Täfelchen: Se. Kurfürstliche Durchlaucht haben diesen Hirsch da und da erlegt. Das Täfelchen, das ich las, war von 1752. Der Garten um Popelsdorf ist nicht eben sehenswerth, nur allenfalls wegen der Aussicht." Die Lage Bonns und der Blick von verschiedenen höher gelegenen Punkten in das Rheintal werden von den meisten Besuchern positiv hervorgehoben, das Innere der Stadt nimmt nicht sehr für sich ein, wird aber von Ernst Moritz Arndt, der 1798 die Stadt, in der er sich später niederlassen wird, besucht, viel freundlicher als bei Lang und Humboldt geschildert: „Dieses Städtchen liegt sehr anmuthig am Rhein, zu welchem es ziemlich steil von einem Hügel hinabsteigt, welches seinen Gassen eben keinen angenehmen Abhang, noch den Häusern die gehörige Reihung an einander giebt. Außer einigen Plätzen und den um- und anstehenden Häusern sind seine Gassen eng und spitzsteinig und schief, doch die Häuser größtentheils ganz nett und zierlich von außen anzusehen . . . Aber das Innere von Bonn ist nichts gegen das Aeußere, das es zu einem der lustigsten Landstädtchen macht, die man vielleicht weit und breit finden mag." Nachdem Arndt Poppelsdorf besichtigt hat, steigt auch er – wohl nicht zuletzt der Aussicht wegen – auf den Kreuzberg und berichtet ein wenig spöttelnd von der dort gelegenen Wallfahrts-kapelle: „Eine schöne Treppe aus weißem Marmor führt hinauf, welche die Frömmigkeit die Heilige nennt; diese darf man mit Füßen nicht betreten; sondern bloß die Knie und der Hintere haben das Recht, sie hinauf- und hinabzurutschen; zu den Seiten indessen sind andere Steige für die, so weder die Lust, noch die Zeit haben, diese fromme und langsame Schneckenpost hinan-zukriechen." Die Heilige Stiege von Balthasar Neumann gehört mit zum Programm der Bonnbesucher, auch der von der Rheinromantik ergriffenen, manchmal geradezu befallenen Amerikaner und Engländer, die mit Beginn des 19. Jahrhun-derts in immer größerer Anzahl das Rheinland bereisen.

Mit rheinischem Katholizismus nicht vertraut, erleben die Verwandten von Thomas Hood um 1830 auf dem Kreuzberg dann einige unangehme Minuten. Der Schriftsteller beschreibt –

nicht ohne amüsierte Boshaftigkeit – den Fauxpas seiner Tante: „Nachdem wir alle zur Schönheit des Ausblickes unseren Kommentar abgegeben hatten, gingen wir geschlossen zu der Kirche, die früher zu einem Serviten-Kloster gehörte. Dieses Gebäude gilt als besonders geheiligt, weil es die Stufen besitzt, die zum Richterstuhl des Pontius Pilatus führten und von denen erzählt wird, daß sie immer noch mit den Blutstropfen, die von der Stirn unseres Erlösers durch die Dornenkrone gepreßt wurden, befleckt seien . . . Genau in diesem Moment schreckten wir aufgrund eines lauten, deutschen Ausrufes des Wärters, der unmittelbar von einem leisen Aufschrei gefolgt wurde, zusammen. Und zu meinem großen Erstaunen sah ich meine Tante übereilt die Marmorstufen herunterspringen! Sie hatte wohl unbewußt den verbotenen Bereich betreten, und kaum entdeckte dies der Wärter, als er auch schon mit dem lauten Schrei, daß die Stufen heilig seien, ihren Arm ergriff, um sie zurückzureißen. Der plötzliche Ruf, die unbekannte Sprache, die drohende Gebärde und der zornige Ausdruck auf dem nicht eben einnehmenden Gesicht – das alles wirkte ungeheuerlich auf ihre schwachen Nerven und trieb meine Tante dazu, wie vor einem Irren zu fliehen."

Der als Humorist zu seiner Zeit in England sehr beliebte und bekannte Thomas Hood schildert dann noch recht drastisch die schreckliche Nacht im Hotel, in der wegen lärmender Studenten in den Straßen kaum an Schlaf zu denken ist: „Ich sank gerade in den köstlichen Zustand des Halbvergessens, der dem völligen Vergessen im Schlaf vorangeht, als – krach! – ich schlagartig hellwach wurde durch das schreckliche Rattern eines Gefährtes, das etwa zwölf Räder mit jeweils 24 losen Speichen zu besitzen schien, gezogen von einem gußeisernen Pferd! Studenten, natürlich, heimkehrend von ihren Gelagen in Godesberg! Immer mehr kamen, ein kurzer Zank auf der Straße, – und dann ‚Am Rhein! Am Rhein!' arrangiert für eine beliebige Anzahl von Stimmen."

Betrunkene, randalierende, oft abenteuerlich gekleidete Studenten – der Onkel Hoods glaubte an wandernde Komödianten oder eine allgemeine Maskerade, als er die Bonner Universitätsjünger zum ersten Mal erblickt – machten es nicht nur den

Besuchern, auch den Bürgern der Stadt oft recht schwer, jede nächtliche Ruhestörung als jugendlichen Leichtsinn lächelnd zu entschuldigen. Und dabei hatte sich die Stadt eine Universität, die dann 1818 neu gegründet wurde, so sehr gewünscht. Goethe berichtet – anläßlich seiner „Reise am Rhein, Main und Neckar in den Jahren 1814 und 1815" – darüber: „Wenn die Einwohner von Bonn ihre Stadt zum Sitz einer Universität empfehlen, ist es ihnen nicht zu verargen. Sie rühmen die Beschränktheit ihres Orts, die Ruhe desselben. Sie beteuern die Achtung, welche dem Studierenden hier zuteil würde als notwendigem und nützlichem Mitbewohner; sie schildern die Freiheit, die der Jüngling genießen würde in der herrlichsten Gegend, sowohl landwärts als rheinwärts und überrheinisch."

Nun, die kleinstädtische Ruhe wurde durch die Jünglinge dann gestört! Doch es gibt auch Lob für die Bonner Studenten; Ernst von Schiller schreibt am 4. Juli 1819 an seine Mutter Charlotte beruhigend: „Die Menschen sind gut, fröhlich und nett. In Bonn, wo wir um sieben Uhr abends landeten und die Nacht über blieben, sah ich wieder Burschen, mit Mappe, langer Pfeife und Haurappier, in gelbem Biberrock, obwohl es Sommer ist. Ich sah mehrere Studenten, jedoch keinen einzigen mit langen Haaren, was auch sehr gut ist." Das nach „altdeutscher Art" offen getragene halblange Haar war durch den Theologiestudenten Karl Ludwig Sand und seinen Mord an August von Kotzebue im März des Jahres 1819 politisch verdächtig geworden.

Charlotte von Schiller besucht ihren Sohn 1821 in Köln, wo er lebt und als Jurist arbeitet, und macht auch Ausflüge nach Bonn. Fünf Jahre später bezieht Schillers Witwe in der Fürstenstraße 1 in Bonn, dem heutigen Domizil der Buchhandlung Lempertz, eine Wohnung, um sich von dem berühmten Augenarzt Professor von Walther behandeln zu lassen. An den Folgen der Operation stirbt Charlotte von Schiller am 9. Juli 1826 und wird auf dem Alten Friedhof begraben „unter Begleitung des evangelischen Geistlichen und weniger, aber von Theilnahme ergriffener Freunde, die mit dem Sohne der Entschlafenen auch des ihr einundzwanzig Jahre vorangegangenen Gemahls mit Sammlung gedachten", wie das Bonner Wochenblatt schreibt.

Auf dem Alten Friedhof liegt auch eine andere Weimarerin begraben, die es nach Bonn verschlagen hat: Adele Schopenhauer, Schriftstellerin und Freundin der Sibylla Mertens-Schaaffhausen, die ihr in Erinnerung an die gemeinsamen Jahre in Italien einen Grabstein mit ergreifender italienischer Inschrift setzen läßt.

Qui riposa Luise Adelaide Lavinia Schopenhauer, vissuta 52 anni, egregia di cuore, d'ingegno, di talento, ottima figlia, affettuosa e constante agli amici. Sostenne con nobilissima dignità d'animo mutamenti di fortuna, e lunga dolorosa malattia con pazienza serena, ebbe fine de' mali al 25 Ag. 1849. Erse il monumento la sconsolata amica Sibila Mertens-Schaaffhausen.

Die Mutter Adeles, Johanna Schopenhauer, zieht 1828 nach Bonn, weil ihr das Leben in Weimar zu kostspielig wird. Als Verfasserin von Romanen, Novellen und Reisebeschreibungen ist sie damals recht bekannt. Nach einem vorübergehenden Aufenthalt in einem Mertensschen Landhaus in Unkel, läßt sie sich in Bonn nieder, über das sie in ihrem „Ausflug an den Niederrhein" wohlwollend schreibt: „Bonn nimmt schon von fern sehr heiter, sogar prächtig sich aus; noch schöner aber ist der Ausblick der Stadt, wenn man auf dem Rheine zu ihr heranschwimmt. . . Keine Universitätsstadt in Deutschland, Heidelberg ausgenommen, läßt in Hinsicht des milden Klimas, der unbeschreiblich reizenden Lage und der Art, wie die Stadt gleich beim Eintritt sich dem Auge darstellt, mit Bonn sich vergleichen. Die schöne Façade des Universitätsgebäudes, ehemals das kurfürstliche Residenzschloß, breitet sich am Ufer des Stromes recht imposant aus; über die Giebel der Häuser blicken die gothischen Thürme des ehrwürdigen Münsters hervor; die Stadt selbst liegt wie in einem Garten." Auch mit dem Inneren Bonns scheint Johanna Schopenhauer, trotz der gelegentlichen engen Sträßchen, zufrieden zu sein: „Die Stadt Bonn ist übrigens nicht groß, aber sehr volkreich, sehr freundlich und heiter. Im ältesten Theile derselben, nahe am Rhein, wo meistens Schiffer, Fischer und Handwerker wohnen, gibt es freilich einige Gassen und Gäßchen, in denen kaum zwei

Personen einander ausweichen können, ohne sich zu berühren; aber im besseren Theile der Stadt sind die meisten Straßen bei weitem nicht so enge und düster, als man in andern alten Städten sie gewöhnlich antrifft. Drei oder vier große Plätze mitten in der Stadt erheitern diese und tragen zugleich zur Reinigung der Luft bei."

Allerdings beklagt Johanna Schopenhauer die zu seltenen Theateraufführungen und öffentlichen Konzerte, äußert sich aber sehr positiv über die private Geselligkeit in der rheinischen Stadt, ein Lob, das bei der durch Weimar und seine Zirkel verwöhnten Schriftstellerin besonders trägt: „Dieser Mangel an öffentlichen Vergnügungen hat indessen wenigstens das Gute, daß er die häusliche Geselligkeit befördert, auch wird es wenig kleinere Städte in Deutschland geben, wo sie geistreicher und anmuthiger sich gestaltet als in Bonn. Die große Anzahl berühmter und hochgebildeter Männer, die aus allen Gegenden Deutschlands mit ihren Familien hier versammelt sind, die täglich ankommenden Fremden, die oft längere Zeit hier verweilen, verbannen jene geisttödtende Einseitigkeit, die in aus lauter Eingeborenen bestehenden Zirkeln so leicht fühlbar wird. Alles Spiel ist aus Privatzirkeln verbannt, ob dieses durchaus ein Gewinn für die Gesellschaft sei, wage ich nicht zu entscheiden, Gespräch allein muß die geselligen Stunden ausfüllen, aber zum Glück dreht es sich auch noch um andre Gegenstände, als um Politik, Zeitungsnachrichten und Stadtgeschichten. Gewöhnlich wird es mit vielem Witz und guter Laune geführt, besonders wenn der Abendtisch die ganze Gesellschaft versammelt."

Der Salon der Sibylla Mertens-Schaaffhausen stellt einen der herausragendsten Privatzirkel Bonns dar, den auch viele Fremde aufsuchen. Neben Adele Schopenhauer gehört auch Annette von Droste-Hülshoff zum Freundeskreis Sibyllas. Ihre Bonner Verwandten, der Onkel Moritz Elmershaus von Haxthausen und der Vetter Clemens August von Droste-Hülshoff und deren Familien, fühlen sich häufig von Annette wegen ihrer langen Aufenthalte bei Sibylla Mertens-Schaaffhausen vernachlässigt, und sie muß um Verständnis bitten. Von der Stadt Bonn erzählt die Droste in ihren Briefen nach Haus nichts, sie berichtet von den Familienmitgliedern, von dem teuren Leben, von dem ihr zu häufigen Ausgehen, von den „Winterpläsiers", Theater, Studentenkonzert und von einem „musikalischen Kränzchen", die sie alle kaum hat besuchen können, weil sie so lange in Plittersdorf bei Sibylla bleiben mußte. Aber es wird Annette gefallen haben, denn sie hat Köln und Bonn auch noch besucht, als ihre Freundschaft mit Sibylla nicht mehr ungetrübt ist.

Das Mertenssche Haus sieht in den dreißiger Jahren des vorigen Jahrhunderts noch andere Dichter, so zum Beispiel 1835 Giovanni Berchet, und die englische Schriftstellerin Anna Jameson befreundet sich mit Sibylla. Leider berichtet auch diese in ihren „Visits and Sketches at Home and Abroad" nur von ihrem Umgang mit der Mertens, mit Adele Schopenhauer und mit August Wilhelm von Schlegel. Auch Henriette Paalzow, damals viel gelesene Romanautorin aus Berlin, eine gute Bekannte und Besucherin Sibyllas, äußert sich nicht zu Bonn.

Aber wenn sich die englische Schriftstellerin Anne Radcliffe enthusiastisch über „this delightful village" Godesberg ausläßt und „the tremendous mountains" (das Siebengebirge), Robert Gray 1794 Bonn als „a fine town" bezeichnet, ist dies auch nicht gerade sehr aussagekräftig.

Einer der berühmtesten amerikanischen Schriftsteller, Henry James, verbringt als Sechzehnjähriger den Sommer 1860 im Hause des Gymnasiallehrers Dr. Humpert in der Bonngasse, um sein Deutsch zu verbessern. In seinen Erinnerungen finden sich Bemerkungen über das üppige rheinische Essen, das für den amerikanischen Geschmack zu unbequeme Bett, die Bonner Studenten, Spaziergänge in der Umgebung und den Drachenfels. Einen unauslöschlichen Eindruck hat die kleine Stadt am Rhein auf Henry James nicht gemacht: „An Erlebnistiefe läßt es sich kaum mit der ersten Begegnung mit Italien zehn Jahre später gleichsetzen. Dieser Sommer fand keinen dichterischen Niederschlag. . . Nur wenige Briefe und Memoiren erinnern an die in Bonn verbrachte Zeit." (Karl Heinz Stader)

Die Rheinromantik, die im Gefolge von Lord Byrons Drachenfelsgedicht im dritten Gesang des Epos „Childe Harold's Pilgrimage" besonders die englischsprachigen Schriftsteller ergreift, verflacht im Laufe der Jahre immer mehr zu einer sentimentalen Stimmung. Gegen die „Wein, Weib und Gesang"-Lieder, die in Hülle und Fülle entstehen, hebt sich ein anspruchloses, treuherziges Gedicht Carmen Sylvas noch erfreulich ab. Die Verse, die das Erleben Bonns und seiner Atmosphäre durch einen verbummelten Jurastudenten besingen, finden sich in der Lyriksammlung „Mein Rhein" der Dichterin. Carmen Sylva ist das Pseudonym der Prinzessin Elisabeth zu Wied, der späteren Königin von Rumänien, die ihre Jugend auf Schloß Monrepos bei Neuwied verbringt und auch später immer wieder für längere Zeit ins Rheinland zurückkehrt. Viele Rheingedichte hat sie geschrieben, zu ihrer Zeit ist sie, auch dank ihrer Prominenz, eine vielgekaufte Autorin.

Bonn

Wenn nur der Rhein nicht wär
Und der Sonnenschein
So strahlend darüber her,
Und der goldene Wein.

Und die sieben Berge nicht,
Und der alte Zoll
Und Schifflein im Angesicht,
Mit den Segeln voll.

Und die Mägdlein so wundernett,
Und der Rundgesang,
Und der Morgen so schön im Bett,
Und der Tag so lang. –

Ach! wie studierten wir
So gar fleißig jus!
Rhein! Rhein! es liegt an dir,
Daß man bummeln muß.

Dieses unbekümmerte, naive Lied gibt nicht vor, mehr zu sein als es ist, und das unterscheidet dieses Gedicht wohltuend zum Beispiel von der Lyrik Otto Brües', der in den dreißiger Jahren als heimatverbundener Schriftsteller gefeiert wurde. Er äußert sich im „Rheinbuch", einer Anthologie des Jahres 1925, zum Beethovenhaus in Bonn („Der enge Hof! Das ärmliche Gemach!") und zur Regina Pacis.

Madonna vor der Bonner Universität

Du Liebe, golden du vor blauer Nische,
Du unterm First hoch über dem Portal! . . .
Wie gingen wir so oft, es war einmal,
Vorüber dir, das Herz voll Morgenfrische,

Und glaubten immer uns an reichem Tische
In dem von dir bewachten hellen Saal,
Und bangten nicht, daß eine müde Qual
Dein Bild, das angebetete, verwische.

Dann kam der Zweifel bitter angekeucht;
Dann waren, die wir liebten, fortgescheucht;
Hoch überm Sucherweg die weißen Tauben.

Wir sahn das Götzenhaupt der Wissenschaft
Und neigten uns, Madonna, deiner Kraft,
Dem, der uns fassen muß, dem Kinderglauben.

Nach solch tränenseliger Scheinfrömmigkeit und Intellekt-feindlichkeit, die zum Erfolg dieses Schriftstellers zu seiner Zeit gewiß nicht unerheblich mit beigetragen haben, ist es nur billig, die letzten Zeilen einem Besucher zu überlassen, der auf eine wohltuende, ironisch-distanzierte, ein wenig schnoddrige Art seine Liebeserklärung an Bonn formuliert: Alfred Kerr, der berühmte Theaterkritiker, der auch von Berufs wegen immer wieder in diese Stadt kam. „Eines Tages fuhr ich nach der Stadt Bonn. Sie hat nach Buchs und Blüten geduftet; ich kann den Abend nicht vergessen. Bonns Schönheit liegt heute nicht am Rhein, sondern in lieben Straßen und im Hofgarten – und im Duft. (Es ist ein Duft, so frisch und süß, wie die großherzige Nachbarschaft eines reichen Stroms mit fern verschimmerndem Gebirg' es wunderhold schenken kann.)
Gegen elf saß ich, in einem versteckten Winkel des Marktes,

in einem halb bäurischen Gasthaus mit der Aufschrift ‚Zur Blomen'. Es ist eine alte Volksbierstube, sie verschenken dort das Kölṣke. Es schmeckt bittrer als das münsterländer Gelbgegorene. Es erinnert an Ale, kostet einen Groschen für das Glas und steigt ziemlich zu Kopfe. Auf jeden Fall saß ich in der ‚Blomen', trank, rauchte, sog den Frühlingsabendduft, der vom Markt in den halb offenen Raum floß – und sah das Hand-in-Hand-Sitzen schlicht rheinischer Paare nicht ohne Wallungen der eignen Brust. Als die mir zu lyrisch wurden, aß ich ein Schwarzbrot mit Edamer Käse.

Keiner kann in Bonn sein, ohne die Stadt zu lieben. Ich sah sie nun zum ersten Mal."

Nicht mehr als sechs Spielzeiten

G. F. W. Großmann und das Bonner Hof- und Nationaltheater

Das Theater, die öffentlichste Form des Literaturbetriebes, hatte in Bonn eine seiner regsten Zeiten, als es Ende des 18. Jahrhunderts von Gustav Friedrich Wilhelm Großmann geleitet wurde.

Den damals berühmten Theaterdichter, Schauspieler und Regisseur hatte der Landesherr Maximilian Friedrich im November 1778 nach Bonn holen können, wo er mit dem Schauspieler Helmuth die Hofschauspielertruppe leitete. Von Beginn der vierten Spielzeit (1781/82) an betreute Großmann das Theater allein, denn Helmuth zog im Anschluß an ein Gastspiel in Kassel nach Münster. Vielleicht war es Großmann gelungen, seinen Mit-Direktor aus der Theaterleitung zu verdrängen.

Die Idee, ein Nationaltheater zu gründen, lag in jenen Jahren in der Luft. Mannheim hatte seine Nationalschaubühne, auch Wien unter Joseph II. Sollte Bonn zurückstehen, wenn es darum ging, deutsches Sprechtheater als Erziehungsmittel für die Bevölkerung einzusetzen? Für Schulen und Lehrerbildungsanstalten hatte man gesorgt, jetzt sollte die Aufklärung auf dem Theater Fuß fassen. Die „deutsche Schauspielkunst", so heißt es in der Bestallungsurkunde des Landesherrn für die neue Truppe, sollte in seinem Lande „zu einer Sittenschule für das deutsche Volk" erhoben werden. Kein anderer als der aufklärerische kurfürstliche Minister Kaspar Anton von Belderbusch übernahm in Bonn die Intendanz des Theaters, dem von den Hofkalendern jener Zeit her bekannten Johann Philipp Nerius Maria Vogel oblag die direkte Aufsicht über das Theaterwesen.

Damit schien sich von 1778 an für Bonn in der Tat Entscheidendes geändert zu haben. Nachdem unter Clemens August (er war Kurfürst von 1723 bis 1761) das Theater rein den Vergnügungen zugeordnet war, den Jagden im Kottenforst oder Arnsberger Wald vergleichbar, bestand nunmehr die Chance, es zum Ideologieträger werden zu lassen. Dazu mußte das Theater dem Bürgertum geöffnet werden. Hofunterbeamte und Bürger, so sie das Theater besuchen wollten, erhielten die Erlaubnis, im Parterre ihren Platz einzunehmen. Für den Hofstaat und die Gesandten standen die Logen offen, die – wie auch in der Theatermetropole jener Zeit, Venedig – im voraus vermietet wurden. Für nahezu vier Spielzeiten wird von den Besuchern vermutlich ein Eintrittsgeld erhoben worden sein, von Ostern 1782 an erhielt die Truppe Großmanns eine Pauschale, wahrscheinlich aus der Privatschatulle des Kurfürsten selbst. Der Eintritt ins Theater war von da an kostenlos.

Zwei Gemälde des Hofmalers Franz Rousseau geben Auskunft über den Theaterbau zur Zeit Clemens Augusts (um 1755), der sich im Galerieflügel des jetzigen Universitätshauptgebäudes, des damaligen Kurfürstlichen Schlosses, befand. Ein Bild mit Blick auf die pompös ausgestattete kurfürstliche Loge läßt einen einfachen, erhöhten Rang erkennen, prächtige Leuchter mit Kerzen, im übrigen einen hallenartigen Theaterbau. Das andere Bild Rousseaus, nunmehr mit Blick auf die Bühne, zeigt auch seitlich zwei weitere Logen.

Rousseaus Gemälde belegen, wozu der Theaterraum häufig benutzt wurde: Er diente als Ballsaal in Ermangelung eines größeren Festsaals in der Residenz. Der Boden des Theaters konnte für Bälle und Feiern auf das Niveau der Bühne angehoben werden. Besonders zu Zeiten des Karnevals, der, wie Braubach schreibt, den ganzen Winter über gefeiert wurde, gab man im Theater glänzende Kostümfeste, die oft unter einem bestimmten Thema standen. Die Kostümierung läßt venezianischen Einfluß erkennen, nicht wenige Beteiligte sind mit „Tabarro" und „Bauta", den charakteristischen, das halbe Gesicht verdeckenden, von einem Tuch umhüllten Gesellschaftsmasken der Lagunenstadt erschienen. Aus Venedig kam unter Max Friedrich auch der Kapellmeister Andrea Luchesi nach Bonn, ebenfalls reisten Tänzerinnen und Sängerinnen, wie es an anderen Höfen auch üblich war, aus dem sonnigen Süden an. Ausgebildet in den Konservatorien Italiens, brachten sie auch gleich die Musik mit, die keiner so rein und klar singen konnte wie sie.

Das Operntheater stand also bis zur Gründung der National-schaubühne im Vordergrund des Interesses. Die erste nachweis-bare Opernaufführung in Bonn war „Trajano Imperatore Romano, Drama musicale rappresentato per Comando di S.A.S. Giuseppe Clemente Elettore . . . per divertimento Carnevalesco dell' anno 1699". Diese Inszenierung geht auf den Vorgänger Clemens Augusts, Joseph Clemens zurück, der sie angeordnet und anläßlich des Karnevals des Jahres 1699 wohl auch den historischen Stoff verlangt hatte. Überhaupt boten Namens- und Geburtstage des Landesherrn immer Gelegen-heit, Theater zu spielen, ein Lob auf den Landesherrn im Prolog zur Aufführung anzubringen oder ihn durch die Handlung des Stückes selbst zu ehren. Auch bei Fürstenempfängen wurde das Theater regelmäßig bemüht.

Für die Zeit Clemens Augusts sind vor allem Aufführungen der berühmten Mingottischen Operntruppe für Bonn zu erwäh-nen (1764/65), und betrachtet man einmal, wie viele Galuppi-Opern bald nach ihrem Erscheinen in Bonn aufgeführt wurden, stellt man fest, daß die Stadt am Rhein mit Bologna, Rom, München, Wien, Leipzig, Dresden, Petersburg durchaus kon-kurrieren konnte. Von den Buffoopern Baldassare Galuppis wurden „L'Arcadia in Brenta" (1771), „Il filosofo di campagna" (Januar und Mai 1764), „Le nozze" (Mai 1764), „L'amante di tutte" (1772) und „Li tre amanti ridicoli" (Winter 1773/74) aufgeführt. Daneben standen Oratorien auf dem Spielplan, z. B. von Pietro Metastasio, Schauspiele von Voltaire und Molière und die so beliebten Schäferspiele. Selbst Harlekinaden führte man auf. Ein uns erhaltenes Gemälde, das die Feierlich-keiten anläßlich der Einweihung der Schloßkapelle zu Poppels-dorf darstellt, die eine Woche dauerten, läßt in trauter Runde die Maske des Spaßvogels aus der Commedia dell'arte und das Konterfei des Landesherrn Clemens August erkennen.

Noch kurz vor der Eröffnung des Nationaltheaters unter

Großmann gastierte dann auch wieder einmal eine französische Truppe in Bonn. Alles Französische entsprach – ebenso wie italienische Opern – dem Zeitgeschmack.

Die Theatergruppen mußten sich bemühen, ein reichhaltiges Repertoire einzustudieren, da die Stücke nach ein bis zwei Aufführungen am Ort bekannt waren und sich der zahlende Landesherr nicht langweilen wollte. So erklärt sich auch die relativ starke Fluktuation unter den Truppen, die meist Bonn nach einigen Monaten wieder verließen. Wollte man in Bonn ein stehendes Theater aufbauen, wie es unter Maximilian Friedrich geschah, mußten die Schauspieler dazu bereit sein, in kürzester Zeit ihre Texte zu lernen. Erleichtert wurde das Spielen in Bonn dadurch, daß man in der Regel nur zweimal pro Woche aufführte, wohl mittwochs und samstags, so jedenfalls unter Großmann. Dafür inszenierte man oftmals zwei Darbietungen am Abend – etwa Schauspiel und Ballett.

Großmann war, als er nach Bonn gerufen wurde, in der Theaterwelt kein Unbekannter mehr. Bei Abel Seyler hatte er seine „Lehrjahre" verbracht; dieser hatte ihn auch „entdeckt", als für das Lessingsche Schauspiel „Minna von Barnhelm" kein Darsteller des Riccaut zur Verfügung stand, und Großmann erklärte, die Rolle gern übernehmen zu wollen. Es gab Beifall, das Leben Großmanns hatte seine Wende zum Theater genommen.

Großmann privatisierte zu jener Zeit, nach vorangegangenen diplomatischen Tätigkeiten in Danzig, die – wie die Allgemeine Deutsche Biographie schreibt – wichtig, aber nicht immer ehrenvoll gewesen seien. Er hatte sich dann dem Kreis um das Schauspielerehepaar Charlotte und Johann Christian Brandes angeschlossen und in Berlin auch die Bekanntschaft Gotthold Ephraim Lessings gesucht. Erste Stücke wurden verfaßt.

Nach Bonn kam Großmann wohl durch Theateraufführungen seines Prinzipals Seyler, der noch im Mai 1778 mit seiner Truppe in der Stadt am Rhein gastierte. Als die Seylersche Gesellschaft sich auflöste, bot man Großmann, der auch verstärkt publizistisch tätig geworden war, eine verantwortliche Stellung in Bonn an.

Die Anfänge des Theaters waren mehr als modest. Zwar gab

es ein Theater, doch war es im Galeriebau untergebracht und entsprechend (siehe den Flügel des Universitätshauptgebäudes mit Stockentor und Koblenzer Tor) langgestreckt. Nach Großmanns Ausführungen ließen sich Veränderungen auf der Bühne nur schwer durchführen. Immer wieder wurde das Spiel gestört: „Wer in Bonn deutsches Schauspiel besucht, wird wissen, wies dort so erbärmlich mit dem Dekorationswesen bestellt ist. Fast keine Veränderung (Verwandlung) geht ohne die gröbsten Placker vorbei. Gar neckig ist's z.B. einzusehen, wenn ein Wald Zimmer werden soll, die eine Seite auch pflichtmäßig Gehorsam leistet, die andere aber . . . kommt Zeit, kommt Rat, denkt, oder höchstens in fünf bis zehn Minuten langsam und mitten im Agiren sich vondannen hebt, Sonderlich nimmt sich nicht übel aus, wenn verwandelt wird und der Prospekt mit der Mittelthür fallen soll; da kommt dann immer von jeder Seite ein Flügel derselben gelaufen, hebt sich ein und schlägt sich zu – das alles, ohne daß man nur eine Extremität der ehrlichen Leute, die sie tragen, zu Gesicht bekommt. So geht auch mutatis mutandis es mit dem Wegwandeln des Prospekts und dem Ausheben und Wegtragen, der Thüren bloß mit dem Unterschied, daß soeben die Träger gesehen werden."

Doch solche Schwierigkeiten konnten Großmann nicht abhalten, mit wenigen Schauspielern zu beginnen. Das „Taschenbuch für Schauspieler und Schauspielliebhaber" schreibt über die „Kurfürstl. Köllnische Hof-Gesellschaft" in Bonn: „Der huldreiche und für deutsche Art und Kunst, sehr patriotisch gesinnte Kurfürst *Maximilian* hat unter den gnädigsten Bedingungen, die Herren *Großmann* und *Hellmuth,* (von der Seilerischen Gesellschaft) zu seinen Hofschauspielern ernannt; unter deren Direction wöchentlich zweimal auf dem Hoftheater gespielt wird, nemlich: Sonntags und Mittwochs. Am 26. Nov. 1778 wurde diese neue Bühne mit einem Prolog, gesprochen von Madame Großmann, eröffnet, darauf wurde *Wilhelmine von Blondheim,* Tr(auerspiel) und zum Nachspiel: *Die große Batterie* gegeben. Die zweite Vorstellung war: Wie man eine Hand umdreht, oder der flatterhafte Ehemann. Die dritte: Die Nebenbuhler. Die vierte: Der Mysogyne und der Postzug. Die fünfte: Minna von Barnhelm."

25

Ein von Großmann verfaßtes Stück, „Wilhelmine von Blondheim", eröffnete die erste von sechs Spielzeiten des Bonner Nationaltheaters, auf dem man sich dann schon bald Lessing zuwandte. Das „Taschenbuch für Schauspieler" fährt fort: „Da sich diese Gesellschaft erst sammlet, so können wir nur einige uns bekannt gewordene Glieder anführen. *Directeurs: Herr Großmann. H. Hellmuth,* der ältere. *H. Hellmuth,* der jüngere. Aktrizen: Madam *Großmann.* Madam Hellmuth. Mamsell Flittner, (Kinderrollen). Madam Kratowille. Madam Erdmann. Akteurs: H. Erdmann. H. Erlmann. H. Gierschick, ist zugleich Soufleur."

Ganze Schauspieler-Familien, wie es im 18. Jahrhundert durchgängig der Tradition entsprach, wirkten im Bonner Theater mit.

Mademoiselle Flitner (bzw. Flittner) ist keine geringere als die später sehr bekannte Schauspielerin Bethmann-Unzelmann, eine Tochter aus erster Ehe der Gattin Großmanns, Karoline, geb. Hartmann. Großmann hatte sie, die seit ihrem 17. Lebensjahr Witwe war, 1774 in Leipzig geheiratet.

Ein Vergleich mit dem Bestand an Schauspielern, wie ihn wohl der Gothaer „Theater-Kalender", bezogen auf das Jahr 1780 nennt, zeigt deutlich, welche Entwicklung das Bonner Theater in jenen Tagen genommen hat. Dem Ensemble war auch „Musikdirektor" Christian Gottlob Neefe beigetreten, ferner gehörten ihm die Schauspielerinnen Brand und Fiala an, die auf junge Weiber und „Koketten" spezialisiert war. Von der bereits erwähnten Mamsell Flitner heißt es hier schon, daß sie auch singe. Der Nachwuchs aus der Familie Helmuth, Mamsell Helmuth, betätigte sich schon in Kinderrollen. Madame Huber spielte „Sanfte Weiber, Naive Bauernmädchen in den Operetten. Mad. *Neefe,* Mutter im Lust- und Trauerspiel, Königinnen, singt in der Oper."

Schließlich war ein Musiksachverständiger, der schon unter Seyler mit Großmann zusammengearbeitet hatte (siehe ihr „Melide oder der Schiffer. Ein Lustspiel mit Gesang", Frankfurt 1778), Christian Gottlob Neefe, an die Bonner Bühne gelangt, die ihren Dienst, in alter Bonner Tradition, sowohl als Opern- als auch als Sprechtheater erfüllen mußte. Neefe verstand sich bestens darauf, Zwischenmusiken, Lieder zu schreiben, Stücke für die Bühne einzurichten, Singspiele zu komponieren. Neefe schrieb die Musik für Libretti bzw. Schauspiele, die Großmann verfaßt hatte ("Adelheid von Veltheim"). Großmann schaffte es sogar einmal, zu einer schon fertigen Musik Neefes nachträglich einen Text zu dichten.

Die Bedingungen seiner Anstellung in Bonn waren denkbar unerfreulich. Neefe hatte wegen eines Engagements gleichzeitig mit dem Dresdener und dem Bonner Theater verhandelt.

Da sich Bondini, der Dresdener Theaterleiter, nicht schnell genug entscheiden konnte, reiste Neefe mit seiner Frau zu seinem Freund Großmann nach Bonn, wo man ihn unbedingt behalten wollte. Schließlich ließ man sein Gepäck verpfänden, um eine Abreise zu verhindern. In Dresden konnte die Stelle nicht länger freigehalten werden, und man mußte sich nach einem anderen Theatermusikus umsehen. Neefe blieb mit seiner Gattin unter nicht immer leicht zu ertragenden Verhältnissen bis zur Franzosenzeit in Bonn.

Betrachten wir noch die Liste der "Akteurs" am Hoftheater. Die im "Theater-Kalender" hinter den Namen angegebenen Rollen werfen ein Schlaglicht auf die Art der Stücke, die man in Bonn gab: "H. *Diezel*. Vertraute, Bösewichter. H. *Erhard,* Liebhaber in den Operetten. H. *Brand,* der erste Liebhaber in den Operetten. H. *Fendler,* Alte, Pedanten, Notarien. H. *Große,* der erste komische Bediente, Alte, Wirthe. H. *Großmann,* die ersten Bösewichter, Stutzer, Teutschfranzosen. Karikaturrollen, die ersten Väter und Könige. H. *Helmuth* der ältere, die ersten komischen Väter und Alten in Lust- und Singspielrollen. H. *Helmuth* der jüngere, komische Rollen in dem Schauspiel und Operetten. H. *Huber,* Nebenrollen. H. *Josephi,* Alte in der Oper, Soldaten, Juden. H. *Santorini,* komische Rollen im Lust- und Singspiele. H. *Steinmann,* Alte und sonst einige Rollen in Singspielen. H. *Steiger,* zweite Liebhaber; Polternde eifersüchtige Alten im Lust- und Schauspiel." Herr und Madame Gensicke und auch Herr Opitz gehörten schon nicht mehr dem Theater an.

Über 43 Schauspiele, darunter fünf von Lessing, wurden in der ersten Spielzeit, vom 26. November 1778 bis zum 30. Mai

1779, aufgeführt, daneben Stücke von Gotter, Engel, Beaumarchais, Molière, Voltaire, Goldoni. Es handelt sich durchweg um gängige Schauspiele des Theaterbetriebs der zweiten Hälfte des 18. Jahrhunderts: Ayrenhoffs „Der Postzug oder die noble Passion", „Die drei Brüder als Nebenbuhler", nach Lafontaine, „Die Kandidaten" von Krüger, „Der Kobold" nach Auteroche von Gotter, „Der Edelknabe" von Engel, „Der Spieler" von Regnard, „Die Drillinge" von v. Bonin, „Der poetische Landjunker" von Destouches, „Der Jurist und der Bauer" von Rautenstrauch u.v.m.

Besonders auch an den Goldonischen Lustspielen läßt sich aufzeigen, daß in der Tat, trotz der feudalen Grundstruktur des Kurstaates, bürgerliches Gedankengut auf dem Theater geboten wurde; man gab: „Der gutherzige Murrkopf", „Das neugierige Frauenzimmer", die zweite Spielzeit (3. Dezember 1779 bis 31. Mai 1780) brachte „Sind die Verliebten nicht Kinder?", „Wissenschaft geht vor Schönheit" und „Die Holländer" nach Goldoni von Bock.

Goldonis Stücke spielen vielfach im Milieu der venezianischen Kaufleute, das die deutschen Bearbeiter kaum verändern mußten, um bürgerliches „Handelsmilieu" zu schaffen. In den „Holländern" zum Beispiel geht es um die Erziehung des Sohnes der Familie zu Kaufmannstugenden, wobei die obligate Liebesgeschichte natürlich nicht fehlen darf. Der „Gutherzige Murrkopf" geht auf Goldonis „Bourru bienfaisant" zurück: Diese Gestalt des immer kritisierenden Brummbärs, der hinter seinem Gehabe einen weichen Kern versteckt, wurde von Goethe in „Wilhelm Meisters Lehrjahre" als „ursprünglich deutscher" Charakter bezeichnet. Man sieht: Nicht wenige Schauspiele des Nationaltheaters, und das verdeutlicht ja auch schon der knappe Auszug aus dem Spielplan des Jahres 1778, haben ihre Wurzeln in Nationalliteraturen, in denen die Tradition des bürgerlichen Schauspiels schon länger verwurzelt war als gerade im deutschen Sprachraum.

Schon die erste Bonner Spielzeit brachte die Aufführung des Schauspiels „Nicht mehr als sechs Schüsseln" (am 6. April 1778), des bekanntesten Schauspiels von Großmann selbst, das kaum eine Bühne des 18. Jahrhunderts ausgelassen hat. Die im Stück enthaltene Rolle des Hofrats ist, so meint jedenfalls Neefe, eine Selbstcharakteristik des Autors. In diesem Drama hält der bürgerliche Hausvater die Tugend der Sparsamkeit hoch, sechs Gänge sind in der Tat das absolute Maximum für einen in bürgerlichem Hause gedeckten Tisch. Adelsdünkel steht in diesem Stück gegen bürgerliche Einfachheit, die am Ende triumphiert: „Du wolltest Dein verdammtes steifes Ceremoniell zum Teufel werfen? Eines deutschen Mannes deutsches Weib seyn, auf Du und Du?" – „Das will ich, von ganzer Seele will ich es." – „Schlag ein! und laß uns bey bürgerlichen Sitten und sechs bezahlten Schüsseln glücklicher seyn, als Ihre Hochwohlgeborenen Gnaden bey sechszehn Ahnen und achtzehn geborgten Schüsseln". Bürgersinn, oft gepaart mit den Eigenschaften eines guten Kaufmanns: Ehrlichkeit, Bescheidenheit, nicht spekulatives Jonglieren mit dem Kapital, bescheidene Gastfreundschaft, das waren die Tugenden, die auf dem Bonner Theater fortan gepriesen wurden.

Stand das nicht im Gegensatz zum Verhalten des Landesherrn? Konnte sich ein Landesherr mit Vergnügen solche Stücke ansehen? Die Nachfolger Clemens Augusts waren nicht so beliebt wie der auch heute noch präsente Potentat der ersten Hälfte des 18. Jahrhunderts, sie haben weniger gejagt, gebaut, hatten weniger Affären mit Frauen. Zwar spielte sich zwischen Maximilian Friedrich und der Tänzerin Mattioli noch eine Liebesgeschichte ab, später auch mit der Nichte Belderbuschs, doch mußte er weitgehend bürgerliche Tugenden pflegen, wollten er und sein Nachfolger im Kurstaat nicht ein finanzielles Debakel hinterlassen, wie es Clemens August bereitet hatte. Sparsamkeit bis hin zur vierjährigen Theaterpause vor dem Engagement der Seylerschen Truppe (1774 bis 1778) und zur Reduzierung des Theaterpersonals durch Verabschiedungen sowie Gehaltskürzungen nach dem Tode Maximilian Friedrichs am 15. April 1784, so lautete die Devise am Bonner Hof. Letztlich war es die bürgerliche Tugend der „Ökonomie", die in Bonn nach dem expansiven Ausbau von Schloß, Poppelsdorf, Herzogsfreude (dem Jagdschloß im Kottenforst) und Brühl zu Ehren kam: bürgerliche Tugend, Nicht-über-die-Verhältnisse-leben. So gesehen mochten sich auch die Landesherrn in den

Schauspielen des Bonner Hoftheaters wiederfinden. 75 Stücke wurden in der dritten Spielzeit (1780/81), 110 in der vierten (1781/82) aufgeführt. Man bot kaum Wiederholungen, es handelte sich um einen gut funktionierenden Theaterbetrieb.

In die fünfte Bonner Spielzeit (1782/83) fallen auch die Kontakte Großmanns mit Friedrich Schiller. Am Bonner Hoftheater wurde am 20. Juli 1783 die erste Fassung des „Fiesko" uraufgeführt. Großmann berichtete in einem Brief an den Verleger Schwan freimütig über die Wirkung dieses Stückes; er wollte den Mannheimer Verleger davon überzeugen, daß Schiller noch einmal Hand an sein Schauspiel legen sollte: „Wenn der liebe, feurige Mann nur mehr Rücksicht auf Theater-Konvenienz nehmen, und besonders vom Maschinisten, bey dem gewöhnlichen Gang unserer Dekorationen nicht schier unmögliche Dinge verlangen wollte. Ein Schloßhof mit Mauern und Gitterwerk und Nacht und illuminirter Saal mit einer Spanischen Wand in einem Nu, und dergleichen Verwandlungen mehr, gehen fast nie ohne Unordnung und gewaltiges Geräusch ab; wie sehr das dem Dialog und der Handlung schadet, hab ich bey der Vorstellung des Fiesko gesehen. Ich hab auf dem Hoftheater zu Bonn gethan, was Menschenhände nur thun können, und doch haperte es hier, und stockte da."

Schiller ging auf die Kritik ein. Sein Antwortschreiben an Großmann vom 8. Februar 1784 dankt diesem für seine Bemühungen bei der Bonner Aufführung und meldet gleichzeitig seine Bedenken gegen die – gemäß Großmanns Wunsch – von ihm selbst vorgenommenen Veränderungen für die Vorstellung in Frankfurt an: „Endlich bin ich im Stand mein Versprechen zu halten, und Ihnen den umgeformten Fiesko zu schiken, den Sie, mein wehrtester Herr, mit der Geduld eines Märtyrers haben abwarten müssen. Möchte er Ihre Wünsche erfüllen, und der Aufmerksamkeit würdig seyn, die Sie, durch Überwindung der ungeheuersten Schwierigkeiten seinem erstgeborenen Bruder, zu meinem größten Erstaunen haben widerfahren laßen! Jene Schwierigkeiten sollen wie ich hoffe in dieser neuen Darstellung gröstentheils gehoben seyn, ob aber ein Produkt der Begeisterung, durch Theaterconvenienz und kritisches Fliken und Beschneiden auf der einen Seite nicht wieder verliere, was es allenfalls auf der andern mochte gewonnen haben, kann niemand beßer entscheiden als der Mann, der als Dichter und Schauspieler und Schauspieldirektor alle Gränzen der theatralischen Welt umgangen haben mus. Darüber vortreflicher Mann werde ich mir Ihre ausdrükliche ungeheuchelte Meinung erbitten, und Sie erwerben Sich kein geringes Verdienst um mich, wenn Sie mir mit der Offenherzigkeit des Künstlers gegen den Künstler gestehen, wo der Neue Fiesko gegen den Alten in einem Rükstand geblieben ist?"

Das Hoftheater war gezwungen, manchmal mit dem Landesherrn zu reisen, hatte aber in den Sommermonaten Gelegenheit, mit dem Ensemble auch in andere Städte zu ziehen. Schon nach der zweiten Spielzeit ging es nach Köln. Die Theatertruppe mußte Geld einspielen, den Landesherrn kam sie teuer genug, neben dessen zunächst wöchentlichen, dann jährlichen Unterstützungen waren zusätzliche Einnahmen äußerst willkommen. Messen wie die Frankfurter, Badeorte wie Pyrmont, auch Kassel, wo lange Zeit nur eine französische Truppe gastiert hatte, waren höchst erwünschte Zielorte der Bonner Hoftheatertruppe.

Da bot sich Großmann 1783 die Leitung des Mainzer Hoftheaters an, von wo aus man auch Frankfurter Bühnen mit bedienen konnte. Das Frankfurter Theater war gerade von einem Hofrat Johann A. Tabor gepachtet worden, der dafür sorgte, daß Großmann unter Vertrag kam. Das Ganze konnte aber nur funktionieren, wenn in Bonn Karoline Großmann die Geschäfte weiterführte, denn offensichtlich wollte der Bonner Kurfürst auf sein Theater nicht verzichten, sah sich – auch die Tourneen belegen das – aber wohl auch nicht in der Lage, die Schauspieler exklusiv an seinen Hof zu binden. So wird der sparsame Landesherr gerne der von Großmann intendierten Regelung zugestimmt haben, Karoline Großmann das Theater in Bonn, G.F.W. Großmann das Hoftheater in der pfälzischen Metropole Mainz führen zu lassen. Beide Gesellschaften firmierten praktisch unter demselben Dach. Die Schauspieler wurden entsprechend den Erfordernissen der Stücke zwischen Mainz bzw. Frankfurt und Bonn hin- und hergeschoben.

Schon im siebten Monat schwanger, begann Karoline Großmann, den Theaterbetrieb in Bonn zu führen, die Proben zu überwachen und mit Belderbusch zu verhandeln, der, neben seinen übrigen politischen Aufgaben, noch die Intendanz innehatte. Überschattet wird diese Periode durch ein offensichtliches Verhältnis zwischen Großmann und der adligen Schauspielerin Friederike von Ranzow, die auf der Bühne unter dem Namen Wolmar bekannt war. Alleingelassen mit ihren Kindern, die sich nach dem Vater sehnten, und belastet von der Affäre des Ehemannes, plagte sich Karoline mit nicht zu Proben erscheinenden Schauspielern, den „Akteuren" und „Aktrizen", die sie nicht in jedem Fall für die entsprechenden Rollen als geeignete Besetzung ansah. Über Hofrat Johann Phil. N.M. Vogel ärgerte sie sich, der die Theaterzettel auf Kosten der Truppe drucken lassen wollte, obwohl nach Meinung Karolines, bei freiem Eintritt, keine Reklame für die Aufführungen gemacht werden mußte.

Unter dem Eindruck dieser Probleme und belastet durch die Schwangerschaft, überlebte Karoline Großmann, Karle, wie sie sich selbst in ihren Briefen nennt, die Geburt ihres zweiten Sohnes nur um wenige Monate. Ihr Zustand schien sich schon zu bessern, als im kurfürstlichen Schloß, dessen Hauptgebäude 1777 völlig ausgebrannt war, ein Kaminbrand ausbrach. Das Zusammenströmen der Leute, die eine ähnliche Katastrophe wie im Jahre 1777 befürchtet haben mögen, rief in ihr eine solche Unruhe hervor, daß sie, wie es heißt, ihr Ende kommen sah. Großmann wurde aus Mainz herbeigerufen, gelangte bei Eisgang in einem Nachen in 14 Stunden rheinabwärts nach Bonn, konnte der Gattin noch aus Schillers „Kabale und Liebe" vorlesen, bis sie schließlich in der Nacht zum 29. März 1784 starb.

Neefe hat die Briefe von Karoline Großmann herausgegeben, um ihr ein Denkmal zu setzen. Interessante Aufschlüsse über die Theaterzustände der damaligen Zeit und auch über den Kampf einer Frau, sich durchzusetzen und eine künstlerische Unternehmung wie das Bonner Theater zu leiten, lassen sich aus diesen Briefen an Großmann, den Hofrat Tabor und wohl auch Belderbusch ablesen. Aus der kleinen Schrift, die noch in der Bayerischen Staatsbibliothek in München vorhanden ist, ken-

nen wir auch die Inschrift des Grabsteins Karolines, der auf dem
Friedhof der Remigiuskirche stand:

Hier
unter diesem Stein
liegen die verweslichen Überbleibsel
von
KAROLINE SOPHIE AUGUSTE
GROSSMANN,
gebornen HARTMANN.
Sie starb nach einer langen
schmerzhaften Krankheit,
im 33sten Jahre ihres Alters,
im 9ten ihres exemplarisch
glücklichen Ehestandes.
Sie war Mutter von zehen Kindern:
Ihr Tod gab dem letzten das Leben.
Sie war eine treue, tugendhafte,
unbescholtene Gattinn;
eine zärtliche Mutter;
eine gute Hausfrau;
ein deutsches Weib!
Wanderer!
weih' ihrem Andenken eine Thräne;
sie verdient sie!
Denn sie war eine von den schönen,
edlen Seelen
aus Deutschlands Töchtern!

Über die schwierige Zeit ihrer Prinzipalschaft schreibt Karoline: „. . . es ist ein elendes Ding um ein Weib ohne Mann! Ein
jeder glaubt das Recht zu haben, sich an ihr zu reiben, weil sie
keine Stütze hat." Und an anderer Stelle heißt es: „Mich mit den
Weibern in eine gleiche Klasse zu setzen, deren Männer in
Amerika sind – das ist mein Beruf nicht."

Neefe, Herforth und andere Sänger mußten einmal den
ganzen Morgen auf den Sänger B. warten, der einfach nicht zu
den angesetzten Proben erschien. Streit gab es über die Vertei-

lung der Rollen. Ein Schauspieler wollte unbedingt den Drommer in Gemmingens „teutschem Hausvater" spielen. Frau Großmann mußte ihn vor einen Spiegel zerren, um zu verdeutlichen, daß er, weiß Gott, eine Figur, wie sie zum Chevalier tauge, nicht besäße.

Interessant sind auch die Einflußnahmen, die der Hof direkt auf die Spielplangestaltung ausübte; als Beispiel: „Gestern war der Herr Oberstallmeister bey uns. Er sprach viel von der Komödie. Der Churfürst möchte gern von der Fritze Gotters Mariane sehen, ich soll es gleich einstudiren lassen. Schick's mir also gleich, und den Einsiedler für den Churfürsten, und den teutschen Hausvater! alles unter des Ministers Adresse. Wegen der Zulage hat mir der Herr Oberstallmeister die beste Hofnung gegeben, ich soll noch eine Supplik an den Churfürsten übergeben. Er wollte sie bestens unterstützen, das hat mir auch der Minister gesagt. Gott gebe guten Erfolg! Wir brauchen es nöthig. Alles ist so theuer; Akteurs, und Holz und Hauszins." Offenbar hatte Großmann zu wenig an Unterstützung vom Landesherrn verlangt, um seine Kosten decken zu können. „Karle" schreibt: „Was hast Du schon für Geld verlohren. Wie oft saßest Du und rechnetst und zerbrachst Dir den Kopf und nagtest an den Nägeln, um zu schaffen . . .". An anderer Stelle heißt es: „Hier hast Du meine Rechnung. Ich erschrecke über die Ausgaben. Kind, Kind! Du hast Dich vom Minister zu wohlfeil behandeln lassen." Da war die Anwartschaft auf bestimmte Einkünfte in der damaligen Zeit schon von Bedeutung: „Gestern sprach der Minister nach seiner Gewohnheit über dieß und über das, und viel von Dir. Ich nutzte den Augenblick, ihn an sein altes Versprechen zu erinnern. Ich kenne ihn ja, sagte er, weiß daß er zu brauchen ist. Stirbt der –, stirbt der – so soll ers werden, und kein anderer; das Theater kann er doch dabei behalten. Er gab mir die Hand darauf."

Neben diesen wirtschaftlichen Problemen mußte Karoline um die künstlerische Zukunft ihrer Tochter fürchten: „Wenn die Fritze nicht bald unter beßre Leute kömmt, so glaub' ich, daß sie nachlässig wird. Alle Lust vergeht ihr. Und manche Thräne rinnt ihr die Backen herab, wenn neben ihr alles verhunzt wird. Sie will mehr, nicht weniger in der Kunst werden." Sollten die

Darbietungen des Hoftheaters doch nicht in jedem Fall strenge-
ren künstlerischen Grundsätzen genügt haben? Der Kurfürst
Maximilian Friedrich, so berichten die Briefe, war mit der Oper
sehr, mit der Komödie kaum zufrieden. Karoline mußte sich
regelrecht gegen bestimmte Schauspieler sperren, die ihr Mann
sonst nach Bonn gesandt hätte. Intriganten waren ihr zuwider
und auch unbewegliche Schauspieler, über die sie zum Beispiel
ungeniert schreibt: „Gestern war der verschriebene Bräutigam
aus Paris; hat nicht gefallen. Desto besser aber die Operette
Julie, besonders die Frize; nur als die B . . . heraus kam und
sagte: ‚Hier ist Deine Julie!' fing der Churfürst und das ganze
Publikum an überlaut zu lachen. Es ist und bleibt ein steifer
Holzbock. Schade um ihre Stimme. Da hast Du einmal wieder
viel Geld weggeschmissen." Für ‚Fritze' war das Spielen und
Singen am Bonner Hoftheater mit nicht wenigen Anstrengun-
gen verbunden. Da wir hier einen Einblick in ihren Tagesablauf
erhalten, sei auch die folgende Briefstelle zitiert: „Kann ichs
verantworten, daß das Mädchen, die Frize, in allen Stücken, in
allen Opern die erste und stärkste Rolle spielen muß? Morgens
von acht bis zwölf Uhr Probe. Um zwey Uhr Singen, um drey
Uhr Clavier, um vier Uhr Französisch – was bleibt ihr zum
Lernen übrig? Ich habe ihr zu Gefallen in drei Nächten fast nicht
geschlafen. Die Rolle aus dem Guldenschnitt hat sie in einem
Tag und einer Nacht gelernt. Auf den Sonntag wieder eine neue
Rolle und die kleine Julie dazu. Sie sagt nichts, sie lernt und
weint. Doktor Guldenschnitt hat nicht gefallen; es ist Wiener
Arbeit, abgeschmackte Posse."

Kann es unter diesen Umständen verwundern, wenn Karoline
Großmann schreibt, sie werde ihr nächstens zu erwartendes
Kind mit „einem Gallenfieber" zur Welt bringen?

Das Jahr 1784 brachte Veränderungen, die schließlich zur
Auflösung des Hoftheaters führten. Nach dem Tod von Karo-
line starben auch Belderbusch und schließlich Max Friedrich im
selben Jahr. Die allgemeine Landestrauer verhinderte, daß
Schillers „Kabale und Liebe" noch aufgeführt werden konnte.
Großmann war darauf angewiesen, wieder auf Reisen zu gehen.
Er wandte sich nach Köln, und es gelang ihm, gemeinsam mit
dem Schauspieler Klos eine neue Truppe aufzubauen. Es ist

nicht undenkbar, daß Großman versucht haben könnte, Klos, einen erfahrenen Theatermann, ebenso auszubooten, wie er seinerzeit Helmuth vermutlich zur Aufgabe seiner Prinzipalschaft bewogen hatte. Nur steckte Klos' Kapital in der Gesellschaft, Großmann stellte vornehmlich die Rollenbücher. Die Theatertexte bedeuteten einen nicht geringen Wert, da mit dem Erwerb einer Abschrift gleichzeitig alle Aufführungsrechte erworben waren.

Großmanns Rechnungslegung in Köln scheint nicht überzeugend gewesen zu sein. Der Magistrat entschied bei einem Prozeß für Klos, die Gesellschaft zerstritt sich, Großmann ging mit einem Teil der Schauspieler nach Aachen, wo er sich aber auch nicht halten konnte. Ausgerechnet die Effekten aus Großmanns Besitz, die bald nach seinem Weggang aus der Stadt in Köln versteigert wurden, sollten den Grundstock für ein Theater bilden, das der damalige Kurfürst Max Franz in Bonn reaktivieren wollte. Kostüme und Textbücher kaufte er in Köln „unter dem Rathause" auf, es wurde darüber verhandelt, ob die Reste der Klos'schen Gesellschaft nicht direkt in Bonner Dienste treten sollten.

Aus der von Neefes Gattin Susanna Maria weitererzählten Autobiographie des Komponisten und Hofmusikers erfahren wir etwas über die Veränderungen, die nach dem Tod des Landesherrn Maximilian Friedrich eintraten: „So sehr dieser gute Fürst auch von Jedermann beklagt wurde, so fühlten doch wenige seiner Unterthanen seinen Verlust so sehr, als wir: denn wir verloren zugleich jährlich 1000 Gulden von unserm Gehalt, weil das Theater, welches er auf seine eigenen Kosten unterhalten hatte, aufhörte. Es blieb uns also nichts übrig, als der feste Gehalt, welchen mein Mann als Hoforganist hatte. Davon allein konnten wir aber nicht leben; es mußten also Lectionen dabey gegeben werden, um das Fehlende herbey zu bringen."

Doch unter dem letzten Kurfürsten Max Franz besserte sich die Lage so sehr, daß sogar am 3. Januar 1789 ein neues Hoftheater eröffnet werden konnte.

Joseph Reicha führte die Intendanz in einem gerade für 2000 Taler renovierten Theater, in dem unter Aufsicht des Freiherrn von Spiegel drei Ränge eingezogen worden waren. Als Singspielregisseur und Cembalist fungierte Neefe, und wieder einmal stand am Bonner Hoftheater die Musik im Vordergrund. Neefe hatte selbst Singspiele übersetzt und neue komponiert, wieder andere für die deutsche Bühne eingerichtet. Er war Schüler Adam Hillers gewesen, der sich auch um die Verbreitung des deutschen Singspiels bemüht hatte. So wie im Schauspiel französische Stücke von deutschen abgelöst worden waren, spielte man nunmehr statt der italienischen Opern deutsche Singspiele eines Benda und Dittersdorf, selbst wenn sich viele dieser Stücke an Komödien des Auslandes, etwa Goldonis, orientierten, so „Der neue Gutsherr" an Goldonis „Il feudatario". Gleichzeitig fanden Mozarts Opern verstärkt Eingang in Bonn. In seiner Wiener Zeit hatte Max Franz Mozart kennengelernt, und der Komponist rechnete sich auch einige Chancen in der Bonner Hofkapelle (als Dirigent) aus, nur war zu jenen Zeiten der Landesherr, obwohl schon zu seiner Aufgabe bestimmt, noch nicht in Amt und Würden.

Sachverständig charakterisiert Schiedermair die Theaterproduktion jener Tage: „In den Opernaufführungen erlangte nun vor allem die Wiener Kunst, die Wiener Seria und Buffa, das Wiener deutsche Singspiel eine geradezu beherrschende Stellung und verlieh dem Spielplan einen ganz anderen Charakter. Der Gönner Mozarts protegierte begreiflicherweise auch Mozarts Kunst. Nicht allein die ‚Entführung aus dem Serail' wurde wiederholt (1789, 1791/92), sondern auch der ‚Don Giovanni' und ‚Figaros Hochzeit' wurden (1789/90) gespielt. Welchen Eindruck diese Werke, die der junge Beethoven kennenlernte, in der Bonner Residenz hervorriefen, davon berichtet Neefe im Gothaer Theaterkalender, während die Bonner Lokalpresse mit geringen Ausnahmen sich ausschwieg. In der ersten Spielzeit erzielte Mozarts ‚Entführung' besonderen Beifall, in der zweiten der ‚Figaro', bei der ‚Don Giovanni'-Aufführung dagegen ‚mißfiel die Handlung', die Musik ‚gefiel sehr den Kennern'."

Doch die Inszenierungen am Hof, wenn sie sich auch noch einmal über sieben Spielzeiten erstreckten, sahen sich einiger Bedrohungen aus Frankreich gegenüber. 1792 schien es schon einmal so, als ob der Landesherr nicht mehr in seine Residenz zurückkehren würde, er hatte sich nach Münster begeben. Doch die politischen Gewitterwolken am Horizont verflogen. Max Franz kam nach Bonn zurück, um dann von Neefe zu verlangen, keine andere Stelle anzunehmen, solange die Hofmusik bestehe. Sein Töchterchen hatte Neefe schon an den Theaterdirektor Hunnius vermittelt, der in Amsterdam gastierte. Nur zwei Wochen vor der endgültigen Auflösung des Bonner Theaters suchte Hunnius einen Musikdirektor. Doch der Landesherr ließ seinen Neefe nicht ziehen, gab ihm, als die Verhältnisse in Bonn wegen der anmarschierenden französischen Truppen schwierig wurden, einen vierteljährlichen Vorschuß – und dabei blieb es. Neefe zögerte und mußte sich, nachdem er einige Zeit als Verwaltungsbeamter der französischen Munizipalverwaltung der Stadt fungiert hatte, in Dessau eine neue Stelle suchen. Dazwischen liegen Jahre des Wartens auf einen finanziellen Ausgleich durch den Landesherrn für „bewiesene Treue". Doch daraus sollte nichts werden. Zufällig befand sich der ehemalige Landesherr Max Franz zur gleichen Zeit in Leipzig wie die Neefes, die unter finanziellen Nöten um die noch ausstehende Bezahlung baten. Die Antwort des Fürsten war der endgültige Abschied. Der Landesherr selbst sollte nicht mehr nach Bonn zurückkehren. Seine Initialen auf dem Vorhang des Theaters wurden von französischen Truppen entfernt, die Effekten verkauft. Das „Bonner Wochenblatt" vom 19. Februar 1821 schreibt: „Morgens 10 Uhr sollen im hiesigen Kölnthor rechts gelegenen Stadtgraben, die Effekten aus dem Kurfürstlichen Hoftheater, bestehend aus vielen Kulissen, Vorhängen und zu allen Vorstellungen geeignete Dekorationen, vorzüglich jene eines ausgezeichneten Saales, die ebenfalls auch zum tapezieren brauchbar sind, meistens noch in gutem Zustande zusammen oder auch teilweise, gegen bare Zahlung verkauft werden." Die Geschichte des Bonner Nationaltheaters war endgültig beendet.

Das Theater im Ostflügel des kurfürstlichen Schlosses wurde nicht mehr zum Aufführen von Schauspielen und Opern benutzt, sondern mit Schutt ausgefüllt und diente schließlich als Reitbahn.

Von 1826 bis 1844 bestand ein Theater am Viereckplatz

(heute Berliner Freiheit, in unmittelbarer Nachbarschaft zur Kennedy-Brücke), das ebenso wie der Nachfolgebau von Bürgern errichtet wurde, die theaterinteressiert waren und Kapital zur Verfügung stellten.

Die Straßenbezeichnung „Theaterstraße" in der Nähe der Beethovenhalle weist auf das Gebäude hin, das dann für fast 100 Jahre der Bonner Musentempel bleiben sollte, bis es durch Kriegseinwirkungen zerstört wurde (1848–1944). Es würde zu weit führen, die wechselvolle Geschichte dieses kleinen Hauses nachzuzeichnen, das meist von Kölner Theatertruppen mitbedient wurde und manch finanzielles Debakel seiner häufig wechselnden Pächter erlebt hat. 1859 ersteigerte die Stadt Bonn aus einer Konkursmasse diesen Theaterbau, verpachtete ihn aber ebenfalls weiter. Zu einem „Stadttheater" im heutigen Sinne kam es lange nicht. Direkt nach dem Zweiten Weltkrieg führte man zunächst in einer umgebauten Turnhalle in der Loestraße Stücke auf, schließlich von 1949 an im Haus des Bürgervereins (auf dem Grundstück befindet sich heute das Hotel Bristol). Am 5. Mai 1965 wurde unter dem Intendanten Karl Pempelfort das neue Haus am Rhein eröffnet, das gleichzeitig für Opern- und Theateraufführungen zur Verfügung steht.

Bonner Hofbuchdrucker
im 18. Jahrhundert

Die Geschichte des Verlagshauses Rommerskirchen

In einer Residenzstadt wie Bonn, die auch Verwaltungssitz war, benötigte man nicht nur Theatertexte, sondern auch Zollpatente, Landtagssachen, „Reglements" mußten verbreitet werden; Judenordnungen, Pässe und Edikte waren herzustellen. Solange es in Bonn keine Buchdruckerei gab, blieb den Landesherren nichts anderes übrig, als die Druckaufträge in Köln bearbeiten zu lassen, ein, trotz der vielleicht zu Anfang nicht umfänglichen Drucke, langwieriges und zeitraubendes Verfahren. Kein Wunder also, wenn in Bonn Hofbuchdruckereien eingerichtet wurden, deren Prinzipale Beamte des Hofstaates waren und ihr Gehalt von der Landrentmeisterei bezogen. Die Höhe des Gehaltes hing vom Vertrag ab, der mit dem Landesherrn geschlossen wurde, und in dem auch geregelt war, in welchem Umfang Schriften ohne zusätzliches Entgelt gedruckt werden mußten, gleichsam als Gegenleistung für das fest zugesicherte Jahreseinkommen. Lettern, Pressen, Setzkästen etc. mußte der Drucker selbst in das Unternehmen einbringen, die Gerätschaften blieben auch in seinem Besitz. Bei dieser etwas komplizierten, doch vom 16. bis 18. Jahrhundert für Bonn durchaus üblichen Rechtsform durfte der Drucker zusätzlich noch auf eigene Rechnung Bücher drucken und vertreiben, wenn auch die Aufträge des Hofes absoluten Vorrang genossen und meist schnell erledigt werden mußten.

Die Druckereien haben wir uns als kleine Betriebe vorzustellen, denen es wirtschaftlich nicht gut ging, kein Wunder also, wenn es zu Unterbrechungen in der Linie der Hofbuchdrucker kam. In Bonn arbeiteten Laurentius von der Mülen (1543–1550), Heinrich Jansen (1653–1684), Georg Friedrich Frankenberg (1685–1689), Heinrich Tilman Jansen (1694–1707) und Johann Ägidius Constantin Müller (1707–1726). Die Hofbuchdrucker waren „privilegiert", d. h. sie genossen, zusätzlich zu den Vorteilen, die aus ihrem Patent erwachsen konnten, noch den Schutz des Landesherrn vor Nachdruckern.

Das Interesse des Landesherrn konnte sich dennoch kapitalkräftigeren Unternehmern zuwenden. J.Ä.C. Müller zum Beispiel besaß nicht genügend Typen, z. B. keine griechischen und hebräischen, die vorhandenen waren abgenutzt und hätten umgeschmolzen werden müssen. Der eben gewählte Kurfürst Clemens August, dem an einer Hofbuchdruckerei sehr gelegen sein mußte, sollte sich finanziell an der Modernisierung des Betriebes beteiligen, er lehnte jedoch ab. Sein Interesse galt einem kapitalkräftigeren Unternehmer, dem aus Köln stammenden Leopold Rommerskirchen, der 24 000 Reichstaler in Gütern und Immobilien nachweisen konnte und bereit war zu investieren. Er erhielt die Stelle als Hofbuchdrucker, obwohl er, wie Müller vor dem Rat seiner Geburtsstadt Köln, in die er verarmt zurückkehrte, feststellte, „die Buchtruckerey jedoch niemals, wie sichs gebühret", gelernt hatte. Das Patent für Leopold Rommerskirchen, Hofbuchdrucker von 1725 bis 1738, fiel durchaus günstiger aus, als die Auseinandersetzungen des Kurfürsten mit Müller hatten vermuten lassen. Es muß Clemens August von Anfang an klar gewesen sein, daß ein solches Unternehmen ohne seine Hilfe nicht lange bestehen würde. 147 Reichstaler soll Leopold als Gehalt pro Jahr erhalten haben, bei vierteljährlicher Bezahlung, dazu von der Oberkellnerei zu jedem Martinifest acht Malter Roggen und ebensoviel Gerste. Auch wurden ihm innerhalb der Residenz in der Nähe der Schloßwache zwei Zimmer zur Errichtung eines Buchladens zur Verfügung gestellt. Damit übernahm der Drucker-Verleger auch den Vertrieb seiner Schriften. Als Beamter von bürgerlichen Lasten und Steuern befreit, erhielt er das Recht, alleiniger (Bücher-)lieferant für Kirche, Schulen und die kurfürstliche Verwaltung zu werden und alle Druckaufträge des Kurfürsten auszuführen, vorausgesetzt, sie überschritten nicht seine Kapazitäten. Es war auch selbstverständlich, daß Belegexemplare zum Zwecke der Zensur bei den Kanzleien abgeliefert wurden. So wurde Rommerskirchen Lieferant der kurfürstlichen Verwaltung, die Neujahrskalender, aber auch Papier und Schreibmaterialien von ihm kaufte, und er stellte die „Goldenen Bücher" für die Gymnasien her. Zu seinen Pflichten gehörte das unentgeltliche Drucken aller Verordnungen der Hofrats- und Hofkammer-Kanzlei, wenn sie über 10 Bogen Umfang nicht hinausgingen.

Dieses Patent vom 15. Dezember 1725 wurde in der Folgezeit immer mehr verwässert, jüdische Kaufleute erhielten oder erkauften sich das Recht, den Hof mit Gänsekielen, Tinte, Siegellack und Papier zu versorgen. Ferdinand Rommerskirchen, von 1746 bis 1777 tätig, mußte seine Dienstwohnung räumen, die „Goldenen Bücher" druckten die Jesuiten selbst. Clemens Augusts Nachfolger Max Friedrich verschärfte die Sparmaßnahmen noch weiter: Roggen und Gerste wurden nicht mehr geliefert, eine Gehaltskürzung um 50 auf 97 Reichstaler bei gleichzeitiger Verpflichtung zum Drucken mußte Ferdinand hinnehmen. Das gilt auch für dessen Sohn Heinrich Joseph Rommerskirchen, den Dritten in der Reihe der Hofbuchdrukker und -händler (1777–1801), auf den das Privileg nach dem Tode seines Vaters 1777 übertragen wurde, obwohl er erst sieben Jahre alt war. Die Geschäfte im Hause Rommerskirchen führte deshalb von 1777 bis 1799 Johann Friedrich Abshoven für die Erbengemeinschaft. Abshoven, vielleicht ein Mitarbeiter Ferdinands, heiratete noch im Jahr 1777 dessen Witwe. Auf zahlreichen Titelblättern erscheint er jedoch auch allein als Verleger, so zum Beispiel auf Friedrich Wilhelm Großmanns Schauspiel „Nicht mehr als sechs Schüsseln". Nach dem Einmarsch der Franzosen 1794 zunächst politisch nicht exponiert, entwickelte er sich zu einem glühenden Verfechter der profranzösischen cisrhenanischen Republik, trat als Redner bei den Revolutionsfeiern auf, arbeitete seit 1797 im Stadtrat mit.

Mit dem Einmarsch der Franzosen und dem Weggang des Kurfürsten erlosch 1794 auch das Privileg des Verlagshauses Rommerskirchen. Heinrich Joseph Rommerskirchen blieb in Köln, um eine geerbte Buchhandlung weiterzuführen. Das

Bonner Geschäft brachte seine Schwester Catharina in ihre Ehe mit Peter Neusser ein, der 1772 in Bonn geboren, bei Abshoven das Buchdruckerhandwerk gelernt hatte. Mit der Familie Neusser verbindet sich schließlich der noch heute bestehende Verlag des „General-Anzeigers".

Gemeinsam mit zwei Setzern, einem Drucker und einem Lehrling arbeitete seinerzeit Prinzipal Ferdinand Rommerskirchen in seiner Offizin. Das Programm erstreckte sich auf medizinische Titel und vor allem religiöse Erbauungsliteratur („Christliche Andachtsübung", 1771, „Lustgarten wahrer Andacht", 1772). Die Gründung der Maxischen Akademie, der Vorläuferin der Bonner Universität, hatte auf das Geschäft einen äußerst förderlichen Einfluß.

Für die historische Forschung verbindet sich mit dem Namen Ferdinand Rommerskirchen jedoch vor allem der bei ihm gedruckte „Hofkalender", zunächst von Th.C. Schiller, dann ab 1759 von Johann Philipp Nerius Maria Vogel herausgegeben. Alle Bediensteten und „Funktionsträger" des Hofstaates sind verzeichnet, vom Bassisten des Orchesters bis hin zum Gärtner.

Rommerskirchen war auch der Drucker des Bonner „Sack-Kalenders", eines Adreßbuches, das die Namen der Bewohner der Stadt nach Straßen und Hausnummern aufführt, ein Vorläufer des heutigen „Adressbuches der Bundeshauptstadt Bonn". Auch wegen der darin enthaltenen Angaben ist das Werk der Druckerei Rommerskirchen für die Forschung von Wert, denn mit Hilfe dieser, in ihrem Format modernen Taschenkalendern ähnlichen Bändchen, läßt sich relativ genau feststellen, wer wann wo gelebt hat. Gedruckt wurden bei ihm ferner einige Zeitungen, z. B. die „Wöchentliche Bönnische Anzeige von gelehrten Sachen, Staats-Begebenheiten und vermischten Neuigkeiten", der „Bönnische Sitten-, Staats- und Geschichtslehrer" sowie das „Bönnische Intelligenzblatt".

Ihre Rechtfertigung erfährt eine Darstellung der Verlagszustände im 18. Jahrhundert in Bonn in erster Linie aber dadurch, daß Rommerskirchen auch Literarisches herausbrachte. Die Libretti der Opern und Singspiele des Hoftheaters, aber auch bekannte Schauspiele des 18. Jahrhunderts erschienen in seinem Verlag. Die Libretti mußte Rommerskirchen in italienischer Sprache drucken, denn italienische Opern führte Andrea Luchesi auf, deutsche Singspiele gewannen erst langsam an Boden. So finden wir 1769 „La serva padrona" und „Il Trionfo della Fedeltà", wobei die „Serva padrona", die Dienerin als Herrin, zu den Dauererfolgen des Musiktheaters jener Zeit gehörte. 1773 sind es die ‚komische Aktion auf dem Theater' „L'improvista o si(a) la Galanteria disturbata" und „L'inganno scoperto", die bei Rommerskirchen gedruckt wurden. Der letztgenannte Text wird seinen Zweck, der Oper leichter folgen zu können, besonders gut erfüllt haben, weil er zweisprachig erstellt wurde „In Bonna nella Stamperia di Rommerskirchen": „Der entdeckte Betrug, oder der Graf Caramella ein musikalisches Lustspiel so auf der Hofschaubühne Sr. Churfl. Gnaden zu Cölln etc. etc. bey Gelegenheit Höchst-Ihro beglückten Geburts-Feyer vorgestellet wird im Jahre 1773". Der Text nennt auch die Tänzerin Mattioli („La Signora Isabella Barbieri, detta Mathioli"), die, als Geliebte des Kurfürsten Max Friedrich, für einige Aufregung in Bonn sorgte. Die Tätigkeit Rommerskirchens als Libretto-Drucker ist noch nicht erschöpfend untersucht worden, die Texte sind allerdings auch in alle Winde verstreut. In mancher Konservatoriumsbibliothek in Frankreich und Italien werden sich noch bislang ungenutzte Hinweise auf die Bonner Verlagsgeschichte finden lassen.

In historischen Untersuchungen zu Rommerskirchen fand seine Tätigkeit als Drucker von Schauspielen nur wenig Beachtung. Es handelt sich durchweg um gängige Titel des Theaterbetriebes jener Zeit, die er auflegte: „Der Chinesische Helt, ein Schauspiel des Herrn Abt Peter Metastasio", „Zayre, ein Trauerspiel des Herrn von Voltaire" und „Der Graf von Essex" sowie „Polyeuctes, ein Trauerspiel", von T. und P. Corneille (alle von 1760). Bei den drei letztgenannten Titeln finden wir auch die Nennung der Schauspieler. Manches Mitglied des Hoforchesters war da in seriöse bis tragische Rollen geschlüpft.

Rommerskirchen benutzte immer denselben Druckstock zur Ausgestaltung seiner Titelblätter, wenn es darum ging, Titel und Würden des Landesherrn Clemens August zu nennen. Im Fall des „Graf von Essex" liest sich das so:
„Der Graf von Essex, ein Trauerspiel aus dem Französischen

des Herrn Thomas Corneille übersetzt, auf gnädigsten Befehl, und zu höchsten Ehren des Hochwürdigsten Durchlauchtigsten Fürsten und Herrn, Herrn Clement August Erzbischofen zu Cölln, des heiligen Römischen Reiches durch Italien Erzkanzler und Churfürsten, gebohrnen Legaten des heil. Apostolischen Stuhls zu Rom, Administratoren des Hochmeisterthums in Preussen, Meistern Teutschen Ordens in Teutsch- und Welschen Landen, Bischofen zu Hildesheim, Paderborn, Münster, und Osnabrück, in Ob- und Niedern Bayern, auch der Obern Pfalz, in Westphalen, und zu Engeren Herzogen, etc. etc. Unseres gnädigsten Herrn aufgeführet zu Bonn den 18. Martini 1760." Unser Hofbuchdrucker wußte, was sich ziemte. Mit der Konkurrenz, einem Bernard Hilbertz (der „neben den Capucinessen" seine Offizin hatte) wurde Ferdinand fertig, trotz des hübsch gemachten, großformatigen Theaterdruckes dieses Konkurrenten, des „Artaxerses, Musicalisches Schau-Spiel. Aufgeführt Auf der Schaubühne zu Poppelsdorf Im Jahre 1748", ein Text, der sich heute im Stadtarchiv Bonn befindet.

Unter Abshoven konnte die Drucktätigkeit dann nochmals verstärkt werden, da die Maxische Akademie 1786 zur Universität erhoben und Abshoven 1788 zum „Akademiedrucker" ernannt wurde. Dafür mußte er auch kleinere Schriften kostenlos für die „Hohe Schule" drucken, die lediglich das Papier beisteuerte, handelte sich aber auch das Alleinverkaufsrecht für alle an der Akademie vorgeschriebenen Bücher ein.

Abshoven hatte mehr zu tun, als er bewältigen konnte. Der spätere Kurator der Universität, Freiherr von Spiegel zum Diesenberg, klagte über unsaubere und zu spät fertiggestellte Arbeit. Abshoven seinerseits beschwerte sich über die ständigen Einschränkungen des Privilegs, mit dem der Kurfürst die Familie einst ausgestattet hatte und beharrte darauf, daß seine Arbeit für ihn über Jahre ein Zuschußgeschäft gewesen sei.

Grund für die Überforderung mag in einer verstärkten Verwaltungstätigkeit Max Franzens zu suchen sein; der Kurfürst wollte seine Beamten instruiert sehen, legte zudem Wert auf ein Erscheinen bzw. die Wiederauflage von Streitschriften. Auf zwei bis drei Pressen mußte Abshoven auf persönliche Rechnung des Kurfürsten 1787 bis 1789 elf Titel mit einer

Gesamtauflage von 11000 Exemplaren drucken. Hinzu kamen Aufträge der Bonner Lesegesellschaft, der Abshoven seit 1790 angehörte und die immer wieder Reden und Gelegenheitsschriften bei der einzigen größeren Bonner Buchdruckerei bestellte.

Ohne Risiko war sein Geschäft nicht. Drei Bücher, die mehr als 500 Reichstaler Kosten verursacht hatten und für die Abshoven ein Honorar von 32 ½ Karolinen fordern konnte, wurden nach ihrer Fertigstellung nicht mehr gebraucht, er wandte sich an den Landesherrn um Hilfe. Kein Wunder also, wenn Abshoven ein ABC-Buch, obwohl Freiherr von Spiegel das für veraltet hielt, um Kosten zu sparen, einfach nachdruckte und Abshoven Gemeinschaftsunternehmungen mit anderen Verlagen realisierte, z. B. im Fall des in französischer Sprache geschriebenen Werkes von J. C. Rougemont: „Traité des hernies de Mr. Aug. Gottlieb Richter. Traduit de l'allemand sur la seconde éditions. À Bonn de l'imprimerie de Jean Frederic Abshoven et des heritiers Rommerskirchen, Imprimeurs de la Cour et de l'université électorale. Et se trouve à Paris chez Pierre Theophile Barrois le jeune, Libraire quai des Augustins Nro. 8. 1788".

Immerhin beschränkte sich Abshoven auf den Handel mit Büchern und das Drucken, auch von Zeitungen. Der Musikalienverleger Simrock handelte zudem mit Wein und Leinen, und bei einem gewissen Franz Xaver Geull gab es neben den Büchern einen Kaffeeausschank und einen Billardtisch. Zu den bekanntesten Drucken, die Abshoven für das Theater fertigte, gehört unstreitig das schon erwähnte Erfolgsstück „Nicht mehr als sechs Schüsseln" des Theaterleiters Großmann, „Im Jahre 1777 verfertigt, und gedruckt zu Bonn 1780 bey Joh. Fried. Abshoven Buchhändl". Im Vorwort berichtet Großmann ausführlich, warum er das Bändchen jetzt erscheinen lasse. Er befürchtete einen nicht-autorisierten Druck seines „Familien-Gemäldes" und hielt es dann schon für besser, den Druck selbst zu besorgen. Was lag näher, als sich an ein Bonner Verlagshaus zu wenden! Die Aufführung des Stückes war nach Erscheinen des Textes für alle Schauspielertruppen im deutschen Sprachraum, ohne Tantiemen zu zahlen, möglich. Eine gewisse Kontrolle behielt sich Großmann dadurch vor, daß er selbst den

Vertrieb des Stückes organisierte: „Das Stük ist bey Niemanden, als bey mir zu haben. Wenn ich's Jemanden in Kommißion gebe, will ich's öffentlich anzeigen. Ich nehme nur 8 gute Groschen dafür; denn, wenn der General-Feldmarschall Leßing 16 Gg. für Nathan den Weisen nimmt, muß der Subaltern mit der Hälfte vorlieb nehmen. Auch ist sein Stück *haut gout,* Austern und Ananas: das meinige ist nur Hausmannskost.‟

Die zweite Auflage von „Nicht mehr als sechs Schüsseln‟ erschien dann schon bei einem der bekanntesten Drucker des 18. Jahrhunderts, dem Leipziger Verleger Dyk. Von Leipzig aus ließ sich auch die Distribution des Schauspiels besser organisieren, die Bonner Verhältnisse waren wohl etwas eng.

Wie schon Ferdinand Rommerskirchen befaßte sich auch Abshoven mit der Herausgabe von Zeitungen, die sein Verlagsprogramm abrundeten und auch manchen literarischen Beitrag enthielten, neben den Namen der ankommenden Fremden, den Früchtepreisen und Lotteriezahlen und frühen Werbeanzeigen: „Bey dem hiesigen Rathsverwandten, Herrn Franz Schmitz in der Hundtsgaßen, ist eine besonders gute harte Seife, welche er selber kochet und verfertiget, mit den durcheinander gezogenen Buchstaben F. und S. bezeichnet ist, und der Spanischen an Härte und Geruche beykömmt, solche aber an Wirkung weit übertrifft; der Zentner um 15: Rthlr spec. zu haben; wobey noch zu merken, daß man mit einem Pfunde dieser Seife im Waschen weiter kömmt, als mit zwey Pf. anderer Seife.‟ Rein literarische Zeitungen, wie zum Beispiel die „Literarischen Ephemeriden‟ des Constantin von Schönebeck (1786) und die „Bonner Literatur- und Kunstzeitung‟ (1780) bestanden nur kurze Zeit.

Es würde zu weit führen, die wechselvolle Geschichte der Bonner Aufklärungszeitungen nachzuzeichnen, der Konkurrenzunternehmungen zu Rommerskirchenschen und Abshovenschen Blättern. Doch schält sich deutlich heraus, daß Blätter, die offizielle Verordnungen und sonstige Mitteilungen verbreiteten und zu deren Bezug Behörden und Beamte verpflichtet waren, eine relativ lange Lebensdauer hatten. Das unter Ferdinand Rommerskirchen begonnene „Intelligenzblatt‟ soll aber schließlichlich nur noch über 30 Abonnenten verfügt haben, sein Nachfolgeorgan, das sogenannte „Neue

Intelligenzblatt" („Gnädigst privilegiertes Bönnisches Intelligenzblatt" hieß es zunächst 1785) hielt sich jedoch bis 1794.

Auch wenn es eine „Bonner Zeitung" dann nur bis 1796 gab, liegt doch, nach zweijähriger Unterbrechung, ab 1798 Kontinuität bis heute vor. Nachdem Peter Neusser das Verlagsgeschäft übernommen hatte und man sich politisch nie zu deutlich profilierte, so alle Krisen überstehen konnte, folgten nahtlos aufeinander: „Wochenblatt des Bönnischen Bezirks", „Feuille d'affiches", „Bonner Wochenblatt", „Bonner Zeitung. Mit dem Bonner Wochenblatt verbunden", „Bonner Zeitung", seit 1890 dann der „General-Anzeiger für Bonn und Umgegend".

Die „Lese"

Bildungsinstanz und gesellschaftlicher Treffpunkt

Lesegesellschaften gehören überall im deutschen Sprachraum zu den kulturell bestimmenden Faktoren in der zweiten Hälfte des 18. Jahrhunderts. Dies gilt auch für Bonn. Bislang sind über zwei- bis dreihundert Einrichtungen dieser Art bekannt, die Bonner „Lese" gehört sicherlich zu den bedeutenderen Institutionen dieser Art und zu den bestens dokumentierten: Germanistik und Buchforschung zitieren gerne das Exempel der Stadt am Rhein, läßt sich doch am Beispiel der lokalen Institution zeigen, wie Bürgersinn und aufgeklärtes Regententum, Privatinitiative und Bildungswille eine Einheit formten, um zum Wohle der Bevölkerungsteile zu wirken, die „aufgeklärt" werden wollten und sollten.

Man unterscheidet verschiedene Typen von Vereinigungen, die dann generalisierend als „Lesegesellschaften" bezeichnet werden. Die Bonner „Lese" gehört in die Kategorie der „Lesekabinette". Um die Bücher und Zeitschriften aufstellen zu können, hatte man eigens dafür Räume angemietet. Auch stand wenigstens ein Zimmer für diejenigen zur Verfügung, die sich laut unterhalten wollten.

Lesegesellschaften stellen in der Regel Zusammenschlüsse von Bürgern dar, die sich mit dem Ziel der gemeinschaftlichen Lektüre und des Gedankenaustausches zusammenfanden. Gemeinsam bestimmte man, welche Werke aus dem durch Mitgliedsbeiträge gespeisten Fonds angeschafft werden sollten, oder man stellte für die Gesellschaft Bücher und Zeitschriften zur Verfügung. Man veranstaltete Sondersammlungen, wenn der Ankauf eines bestimmten Werkes, etwa über Nationalökonomie oder Landwirtschaft, oder der Erwerb einer Reisebeschreibung von den Mitgliedern für unbedingt notwendig erachtet wurde.

Lesegesellschaften stellten bei einem sich ständig vergrößernden literarischen Markt, wohl auch steigenden Buchpreisen und einer oft zitierten „Lesewut" der Bevölkerung, eine einmalige Möglichkeit dar, sich an den gedanklichen Auseinandersetzungen der Zeit zu beteiligen. Man spricht allgemein davon, daß wiederholendes Lesen in geistlichen Schriften, Kalendern, Hausbüchern in der zweiten Hälfte des 18. Jahrhunderts abgelöst wurde von einem einmaligen Lesen, und diesem Trend kamen die Lesegesellschaften entschieden entgegen. Zudem konnte man sich mit Gleichgesinnten im weiteren Sinne treffen, Gelesenes durchsprechen, politisieren. Die Lesegesellschaften wurden immer mehr zu Treffpunkten gehobener bürgerlicher Schichten und auch des Adels, schließlich servierte man Getränke und Speisen. Die ursprünglich aufklärerischen Ideen, die bei der Gründung Pate gestanden hatten, verflachten. Die „Lese" verwandelte sich in eine „Lese- und Erholungsgesellschaft".

Nicht selten stand bei den Gründungen ein Buchhändler Pate, sicherlich zum Nutzen und Frommen des eigenen Geschäfts. 1781 hatte der Bonner Buchhändler Abshoven eine Gründung versucht und, wie es in den von Johann Peter Eichhoff herausgegebenen „Materialien zur geist- und weltlichen Statistik des niederrheinischen und westfälischen Kreises" heißt, lebhaftes Echo in der Bevölkerung hervorgerufen. Ausleihen durfte jeder, der in die Gemeinschaftskasse den vorgeschriebenen Beitrag zahlte, „selbst Frauenzimmer nicht ausgeschlossen, für deren Geschmack nach Verhältniß auch gesorget wird, und wovon der lesende Theil in Bonn schon so beträchtlich ist, daß es Sünde gegen den Wohlstand gewesen wäre, sie auszuschliessen."

Lesegesellschaften setzen Lesefähigkeit voraus, eine im 18. Jahrhundert keinesfalls selbstverständliche Qualifikation. Abshovens Experiment mißlang, vielleicht bedurfte es zur Gründung einer Lesegesellschaft mehr als nur bezahlter Beiträge und Interesse am Lesen, damit ein solches „Institut", bei höchst unterschiedlichen Leserwünschen, Bestand haben konnte.

Dabei hatten in Bonn „Gesellschaften" schon Tradition, wenn auch als Geheimbünde. Der 1776 vom Ingolstädter Professor Adam Weishaupt begründete Illuminatenorden verfügte in Bonn über eine wichtige Niederlassung, der, unter Führung des Mitglieds des Bonner Theaters und späteren Hoforganisten Christian Gottlob Neefe als „Lokaloberen", wichtige Männer aus dem Musikleben, von der Universität, Hofbeamte, Bürgerliche wie Adlige, angehörten. Zu nennen wären neben Neefe, der innerhalb des Ordens den Namen „Glaucus" trug, der Waldhornist, Musikalienhändler und -verleger Nikolaus Simrock sowie der Musiker und spätere Dirigent der Bonner Hofkapelle Franz Ries, der sich, ebenso wie Neefe, um die Ausbildung des jungen Beethoven verdient machte. Durch Kompositionen trat auch Ferdinand d'Anthoin hervor, der im Brotberuf wie sein Mitbruder Clemens August von Schall (Schall d. Ä.) als Hauptmann im kurkölnischen Offizierskorps diente. August von Schall (Schall d. J.), dessen Stiefbruder, war ebenfalls Mitglied der Loge, der „Minerval-Kirche von Stagira", wie sie genannt wurde, wobei „Stagira" Bonn bezeichnet. Johann Peter und Johann Joseph Eichhoff sind das zweite Brüderpaar im Bonner Geheimorden. Journalist war der erstere, u. a. Redakteur der „Bönnischen Litteratur- und Kunst-Zeitung", mit der er das Publikum „allmälig zur Lektüre, mithin den ersten Schritt zur Aufklärung, zu führen" gedachte, ein erklärter Anhänger des neuen Gedankengutes also. Mundkoch des Kurfürsten war Johann Joseph. In der Franzosenzeit nach 1794 brachte er es bis zum Maire (Bürgermeister) und Unterpräfekten. Zu erwähnen wären ferner der junge Lyriker Johann Friedrich Velten und Professor Bonifaz Anton Oberthür, 1785 zur Reformierung des kurkölnischen Schulwesens von Max Franz nach Bonn berufen. Ähnlich wie dem Publizisten Eichhoff war es ihm vergönnt, in seinem Beruf direkt aufklärerisch zu wirken. Oberthür wurde schließlich erster Rektor der Bonner Universität.

Die „Stagiriten" versuchten auch in Bonn zum Beispiel mit ihrer Zeitschrift „Beiträge zur Ausbreitung nützlicher Kenntnisse" (1784/85), breitere Bevölkerungskreise anzusprechen. Darüber hinaus verfügten die Mitglieder aufgrund ihrer gesellschaftlichen und beruflichen Stellung über einigen Einfluß. Doch wurde 1785 die landesherrliche Repression in allen Teilen Deutschlands gegen diesen Orden zu groß, als daß die schließlich von Neuwied aus gelenkte „Minerval-Kirche" weiter bestehen konnte. Man beschloß die Selbstauflösung.

Neun von elf noch lebenden „Stagiriten" fanden sich Ende 1787 in der „Lese" wieder, ohne daß sie versucht hätten, ihre Loge unter dem Deckmantel einer Lesegesellschaft weiter bestehen zu lassen, dazu stand die Lese den breiten Bevölkerungsschichten zu sehr offen. Doch wird man davon ausgehen können, daß es in Bonn genügend „Aufklärer" gab, die jede sich bietende Möglichkeit wahrnahmen, das neue Gedenkengut zu verfechten und sich zu organisieren, sei es nun innerhalb eines Ordens oder einer allgemeinen Bildungseinrichtung. Johann Peter Eichhoff übernahm zunächst provisorisch die Leitung der Neugründung und wurde abgelöst von Hauptmann von Schall. Ein Satz Adam Weishaupts: „Die Geselligkeit der Glieder ist die Seele einer jeden Gesellschaft" wurde bezeichnenderweise zum Motto der Bonner „Lese".

Die Anfänge der Bonner „Lese" sind nicht eindeutig bestimmbar. So schrieb Johann Peter Eichhoff am 27. Mai 1788 im Bonner Wochenblatt: „Die Gesellschaft fing unter wenigen Lektürefreunden an, welche erst Journale unter sich circulieren ließen, aber, weil sich dabei manche Unbequemlichkeit äußerte, in der Folge ein paar Zimmer mietheten, wo die Journale hingelegt und die Freunde einander finden und unterhalten konnten." Eichhoffs Ausführung spricht für ein Sich-Organisieren als Lesekabinett aus organisatorischen Gründen. Man fand so alle Werke an einem Ort, hatte zudem noch die Gewißheit, während der Öffnungszeiten Gleichgesinnte zu treffen. Die Lese erfüllte alle Voraussetzungen, zum gesellschaftlichen Ereignis in einer recht ruhigen Residenzstadt zu werden. Man mietete zunächst Räume in einem Gasthof an, Kanonikus Dreesen bemühte sich um Zimmer im „Englischen Hof" an der Ecke Am Hof/Fürstenstraße. Die Gasthofatmosphäre mag nicht sonderlich behagt haben. Es gelang schon am 9. Februar 1788, Saal und Zimmer im obersten Stock des Rathauses vom Magistrat für die „Lese" zu erhalten.

Erleichtert wurde der Übergang vom Gasthof ins Rathaus durch die tatkräftige Unterstützung des Landesherrn, der zwar Vorbehalte gegen die Illuminaten hatte, zunächst jedoch nichts gegen das von Bürgern und Adligen, Republikanern und Hofbeamten gleichermaßen frequentierte „Lese-Institut". Max Franz selbst sorgte für die Ausstattung der „Lese" mit Möbeln und stellte sie unter seinen besonderen Schutz: „Am 22. Jänner 1788 hatten Seine Kurfürstliche Durchlaucht die höchste Gnade, die Gesellschaft mit Ihrer Gegenwart zu beglücken. Am 31. Jänner schrieben Sie Ihren höchsten Namen eigenhändig in dieses Buch ein und erklärten sich als den Beschützer dieses Instituts", weiß das Gästebuch zu vermelden.

Der aufgeklärten Ideen keinesfalls abgeneigte Landesherr honorierte damit den beachtlichen Mitgliederzuwachs des Bonner Lesekabinetts. Zu den immer wieder zitierten dreizehn Stiftern (diesen Ehrentitel behielt man bei) gesellten sich in den folgenden Monaten eine ganze Anzahl „normaler" Mitglieder. 1788 kamen zu den 35 Gründungsmitgliedern weitere 50 hinzu, bis 1794 traten 168 Mitglieder in die „Lese" ein.

Dabei zeigte sie sich offen für Gäste, die Bonn besuchten und die, nachdem sie eingeführt waren, ohne weitere Formalitäten die Räumlichkeiten nutzen konnten. Berühmtheiten wie Wilhelm von Humboldt (1789) und Joseph Haydn (1790) sahen sich bemüßigt, der Institution die Ehre zu erweisen.

Die guten Beziehungen zum Landesherrn blieben bestehen. Man ehrte Max Franz in einer Huldigungsfeier: Sein Portrait wurde am 2. Dezember 1789 feierlich in der „Lese" enthüllt, wobei der damalige Direktor, Kaspar Anton von Mastiaux, die Gelegenheit nutzte, einmal mehr für die Verbreitung der Aufklärung, den „Weg des Lichts", wie man es nannte, einzutreten: „Lange genug hat unser Vaterland unter dem Joche der Unwissenheit geseufzet, lange genug war Ubien gefesselt am Gängelband des Vorurteils, und noch immer sind sie nicht alle zerstiebt, die *Schatten der Finsternisse,* die über unserem Horizonte schweben." Da sei die „Lese" Sammlungspunkt, ein Institut, von dem man Hilfe erwarten könne, das nicht nur die „Kräfte der Aufklärung" zusammenfasse, sondern zugleich weg- und richtungweisend sei. In dieser Gemeinschaft könnten sich die Mitglieder gegenseitig fördern und schließlich noch durch ihre Aktivität nach außen wirken. „Unsere Vereinigung ist nicht letzter Zweck, sondern Mittel . . . Zählt sie nicht hundert tätige Männer, den Kern des Volkes, aus jedem Stande, aus jeder Klasse, verbunden zu einem gemeinschaftlichen Zwecke? Männer, die in jedem Winkel des Staates das heilige Feuer der Aufklärung anzufachen, zu nähren, zu unterhalten im Stande sind; die jede Lücke bemerken und jedem Heilmittel ihre Aufmerksamkeit, ihre Kraft widmen? Zum Besten des Vaterlandes vorzüglich mitzuwirken, sey Gesetz. . . Unser unabläßliches Bemühen sei es, unsere Tätigkeit zum Nutzen unserer Mitmenschen zu bestimmen." Nicht ohne Grund hatte man sich bei so viel energischem Tatendrang einen Bienenkorb zum Wappen auserkoren.

Wer konnte Mitglied der „Lese" werden? „Ein jeder Literaturfreund kann in die Gesellschaft aufgenommen werden. . .", heißt es lakonisch in den „Gesetzen der Lesegesellschaft in Bonn", die nach zweijährigem Tauziehen in demokratischen Diskussionen und Abstimmungen gemeinschaftlich verabschiedet wurden (1789), wenn man sich auch am Beispiel der Koblenzer „Lese" orientieren konnte, die sich wiederum nach ihrem Mainzer Vorbild gerichtet hatte. „Rang kömmt gar nicht in Anschlag", heißt es in den Statuten ferner. Die kritische Literatur zu Lesegesellschaften wird an dieser Stelle nicht müde darauf hinzuweisen, daß man sich in eigenen „bürgerlichen" Institutionen die Gleichheit geschaffen hatte, die man gesellschaftlich nicht besaß. Hier war der Ort, demokratisch über Vorgehensweisen abzustimmen, was doch dann wieder leicht in penible Vereinsmeierei abrutschen konnte. In Bonn jedenfalls kam der Vorschlag auf, durch das Ziehen einer Karte mit der Nummer des Sitzplatzes die Sitzordnung während der Versammlung schon beim Betreten der „Lese" zu bestimmen: eine konsequente Anwendung des Gleichheitsgrundsatzes.

Die Bonner „Lese" organisierte sich recht effektiv; neun Personen nahmen die Geschicke des Unternehmens in die Hand: der für ein Jahr bestallte Direktor, der Sekretär, der Kassierer und ein Ausschuß von sechs Beisitzern, von denen, nach der Reihenfolge ihres Vereinseintritts, jeden Monat ein

Mitglied ausschied. So wurde eine relative Kontinuität garantiert. Zentrale Instanz war jedoch die Mitgliederversammlung, die auch bei den Anschaffungen, die interessierte Mitglieder schon vorher durch eine Notiz im „Depositenkasten" angeregt hatten, und bei der Aufnahme neuer Mitglieder entschied. Angekauft wurden nicht, wie man zunächst annehmen könnte, vorrangig Romane und sonstige belletristische Literatur, sondern ‚nützliche' Werke: Handbücher, Nachschlagewerke, Reisebeschreibungen (sicher, weil der gerne von Reisen liest, der selbst nicht so weit reisen kann) und sonstige Sachbücher. Die erste Stelle nahmen jedoch Periodika ein: Zeitungen, Zeitschriften, die wirklich aufklärerisch wirken könnten, weil sie der Bürger lese, Bücher lege er wohl eher zur Seite.

Konnte sich nun jeder „Literaturfreund" Zutritt verschaffen (‚Literaturfreund' impliziert ja – nebenbei bemerkt – schon die Lesefähigkeit)? Marlies Prüsener meint, in keiner Lesegesellschaft hätten zunächst einmal Frauen Zutritt gehabt. Auch an Studenten der „hiesigen Hohen Schule" war man in Bonn nicht interessiert. Vier Reichstaler Jahresbeitrag waren zudem zu entrichten, fünf Reichstaler zu hinterlegen. Ein Volksschullehrer, so hat Otto Dann errechnet, verdiente nur ungefähr 100 Reichstaler pro Jahr. Bürger und einige Adlige werden unter sich gewesen sein: „Zur Lesegesellschaft in Bonn, die zwischen 1787 und 1794 168 Mitglieder hatte, gehörten allein 49 (30%) Adlige; unter den Bürgerlichen dominierten die Beamten (65), Theologen (25), Universitätsprofessoren und Gymnasiallehrer (19). 147 Mitglieder standen, was ihren Beruf und ihr Einkommen betrifft, in einer direkten Abhängigkeit vom Landesherrn. Nur 21 (etwa 13 %) hatten kein öffentliches Amt. Diese Zusammensetzung ist typisch für eine Residenz- und Verwaltungsstadt."

Man begnügte sich bald nicht mehr mit dem Betreiben des Lese-Instituts im dritten Stock des Rathauses, sondern setzte, wie schon der Illuminatenorden vorher, einigen Ehrgeiz in das Vorhaben, auch außerhalb der Institution zu wirken. E. van der Schüren bemerkt in seiner „Rede an die versammelten Mitglieder der Literaturgesellschaft in Bonn" (1790), die Aufklärung müsse durch „vereinigte Kräfte" besser verbreitet werden, „daß sie allgemeiner werden soll". Eine Zeitschrift, die sich vor allem an Gutsbesitzer, Advokaten, Beamte, Lehrer, Professoren (heute würde man sagen ‚Multiplikatoren') wenden sollte, war dazu auserkoren, „die Lichtstrahlen der Aufklärung auch außer unserer Vaterstadt zu verbreiten". Ausführlich wurde beredet, ob man nicht neben der Zeitschrift einen Almanach im bekannten Kalender-Format auflegen sollte (möglichst geschützt durch ein landesherrliches Privileg), um so die eigenen Gedanken besser verbreiten zu können und um Elaboraten wie dem Nürnberger „Hinkenden Boten", der weit verbreitet war, etwas Gültiges entgegenzusetzen. Ausführlich diskutierte man bei dieser Gelegenheit die Gegebenheiten des literarischen Marktes: „Sein Format muß gerade wie das, was hier unter den Bauern am üblichsten ist, gewählt werden." Bei dem Plan einer Zeitschrift, der insbesondere vom Kurator der Bonner Universität, Franz Wilhelm von Spiegel zum Diesenberg, lanciert wurde (er war auf von Schall als Direktor der „Lese" gefolgt und gilt, nach Max Braubach, als einer der maßgeblichen Förderer des Instituts), konnte man sich auf den reichen Zeitschriftenmarkt im deutschsprachigen Raum stützen, den man nur zu analysieren und exzerpieren brauche, um „nützliche Nachrichten" weiterzugeben. Im Protokoll der Ausschußsitzung vom 30. August 1789 heißt es: „Der Herr Director Freiherr von Spiegel las einen von ihm selbst verfertigten Aufsatz; worinn er den Wunsch äußert; daß das Lese Institut seinen Zweck erweiteren; und auf jene Menschen; welche eigentlich als Werkzeuge zur Ausführung der Plane des Menschenfreundes gebraucht werden müssen, wirken sollte: Dies könne am zweckmäßigsten geschehen; wenn mehrere Mitglieder der Lesegesellschaft sich näher verbinden, und mit gemeinschaftlichen Kräften einen Auszug aus den beßeren periodischen Werken und gemeinnützigen Schriften bearbeiten wollten: aus diesen Auszügen entstehe ein periodisches Werk; welches in einem sehr wohlfeilen Preise auf dem Lande ausgetheilt werden könnte . . ."

Ein Schatten fiel auf die Bonner „Lese", als sich ihr Vorsitzender, Kaspar Anton von Mastiaux, seines Zeichens Domherr von Augsburg und Nachfolger von Spiegels als Direktor, mit den Vertretern des Kölner Domkapitels anlegte, die ohnehin befürchteten, die Bonner „Lese" möge ein Hort der Aufklärung sein. Die Mitglieder des Domkapitels wurden von Mastiaux als „Müßiggänger und Taugenichtse" bezeichnet, denen es recht sei, „den Laien in Unwissenheit zu erhalten . . . und durch einen scheinbaren Religionseifer das Volk zu täuschen." Dieser Angriff konnte bestehende Spannungen zwischen Köln, dem Sitz des Domkapitels, und Bonn nur noch verstärken; der Kurfürst sah sich bemüßigt, einen Zensor, der jedoch selbst der „Lese" angehörte, den Hofrat Bernhard Franz Joseph von Gerolt, zu benennen. Mit folgendem Schreiben wandte sich Max Franz an den kurkölnischen Hofrat: „Auch haben wir verschiedentlich wahrgenommen, daß in der hiesigen auf dem Rathaus bestehenden Lesegesellschaft eine Menge verschiedener Journale und Broschüren sich zum öffentlichen Gebrauch befinden und überhaupt alle derlei neue Schriften fördersamst daselbst angeschafft und gelesen werden. So sehr wir nun alles, was zur Beförderung dieses zur Geisteskultur nützlichen Instituts dienen kann, beizutragen geneigt sind, so sehr fühlen wir die Notwendigkeit, bei der dermalig einreißenden unseligen Schreibsucht Vorkehrungen über die bösen Folgen der von solchen Scriblern gegen die Land und Gewissensruhe gewagten Eindrücke zu machen besorgt zu sein. Wir finden dahero für nötig, aus eurem Mittel (= eurer Mitte) unserm Hofrat von Gerolt den Auftrag dahin zu erteilen, daß er auf sämtliche in der Lesegesellschaft erscheinende Wochenschriften, Broschüren oder wie sie immer Namen haben mögen, stets ein wachsames Auge habe, und alles dasjenige entferne, was der katholischen Religions-, Deutschen Reichs- und kölnischen Staatsverfassung gefährlich sein möge. Bei Befinden eines solchen gefährlichen Artikels hat unser Hofrat von Gerolt solchen alsbald von der Lesegesellschaft vorsorglich zu sich nehmen und nicht nur dem der Lesegesellschaft vorsitzenden Mitglied von der Ursache der Wegnahme als auch bei unserer Geheimen Kanzlei mit Vorlegung des ihm aufgefallenen Artikels alsbald die Anzeige zu machen." Die Zeitschriftenzensur wurde bald zu einer allgemeinen Buchzensur erweitert, unter dem Eindruck der revolutionären Veränderungen in Frankreich wurde als erstes der „Moniteur" nicht mehr ausgelegt.

Das geistige Klima verschlechterte sich zusehends, anti-aufklärerische und „Lese"-feindliche Bestrebungen gewannen an Boden. Radikale Mitglieder der „Lese" hatten sich schon vorher nach Frankreich abgesetzt, die verbleibenden bemühten sich, nicht durch Vorträge, Drucke, Lesungen zu provozieren.

Angesichts der nahenden französischen Truppen beschloß man am 28. September 1794 die Selbstauflösung. Direktor Graf von Waldstein ordnete die Geschäfte; Bücher und Möbel wurden unter die Mitglieder aufgeteilt, eine, wie sich erweisen sollte, kluge Maßnahme, denn so war eine Wiedereröffnung möglich. Der erste, literarhistorisch besonders wichtige Abschnitt der Bonner „Lese" hatte mit der Eintragung des Sekretärs Windeck ins Gästebuch „Entrée à Bonn de l'armée de Sambre et Meuse" sein Ende gefunden.

Die „Lese" besteht noch heute. Ihr Domizil ist eine Etage im „Haus der evangelischen Kirche", einem Terrassenhaus zwischen Erster Fährgasse und Universitätsbibliothek. Als die evangelische Kirche ihr Domizil an der Poppelsdorfer Allee dem Versicherungskonzern „Deutscher Herold" abtrat, fand sie am Rhein auf dem Grundstück der „Lese" eine neue Bleibe für ihre Einrichtung. Die „Lese" hatte ihr (vielen erinnerliches) kleines Übergangsquartier zum Abriß freigegeben, um auf diesem attraktiven Grundstück ein Heim sowohl für die „Lese" als auch für die Einrichtungen der evangelischen Kirche bauen zu lassen.

Noch immer beherbergt die „Lese" eine Handbibliothek in einem Clubraum. Zahlreiche Zeitschriftenbestände wurden inzwischen aber an die Universitätsbibliothek abgetreten oder veräußert. Den angeschlossenen Restaurationsbetrieb führt ein Pächter, nachdem die „Lese" über 100 Jahre ihre Geschäfte selbst organisiert hatte, sie war zeitweilig Bonns größter Weinhändler. Schiffsladungen köstlicher Tropfen wurden angeliefert und in den Gewölben gelagert. 1913 zum Beispiel erzielte man aus dem Weinverkauf 284 000 Mark, die Lagerbestände hatten allein einen Wert von 478 000 Mark.

Die „Lese" hatte sich 1820 mit der drei Jahre vorher gegründeten „Erholungsgesellschaft" zusammengeschlossen. „Lese- und Erholungsgesellschaft" nannte sie sich hinfort, und der Name wurde Programm. Zwar hat immer eine Bibliothek in den Räumen der „Lese" bestanden, die Geselligkeit trat jedoch eindeutig in den Vordergrund, und das Organisieren von Geselligkeit stellt heute die eigentliche Aufgabe der „Lese" dar. Man veranstaltet gemeinsame Wanderungen, Weinproben, Führungen, Vorträge. Etwa 200 Mitglieder umfaßt die „Lese" heute, der Mitgliedsbeitrag ist nicht gerade niedrig.

Das Element der Geselligkeit hatte der „Lese" in Bonn ab der Mitte des 19. Jahrhunderts zu einem enormen Aufschwung verholfen. 2000 Mitglieder gehörten in den Glanzzeiten dazu, Persönlichkeiten wie August Wilhelm von Schlegel, Barthold Georg Niebuhr, Ernst Moritz Arndt, Karl Simrock, Alexander König, Ludwig Wessel, W. Guilleaume, Hermann Wandersleb. Der Zugang zur „Lese" war nicht ganz leicht, Frauen konnten sich ohnehin erst spät Zutritt zu dem mit Kunstausstellungen und Konzerten attraktivsten und angesehensten kulturellen Zentrum der Stadt verschaffen.

Nachdem der „Lese" in der Franzosenzeit nach der Neugründung 1802 nochmals das Rathaus als Domizil zugewiesen worden war, zog sie im Jahre 1825 in das Anwesen „Am Hof", das man immer attraktiver auszugestalten suchte. Doch dieses Grundstück, das schließlich an ein Konsortium, zu dem auch der Buchhändler Cohen gehörte, verkauft wurde, erwies sich als zu klein. Man beschloß den Aufbau eines schönen, repräsentativen Gebäudes an der Koblenzer Straße, der heutigen Adenauerallee, etwa in Höhe des Institut Français. Der Verkauf an den Buchhändler Cohen – die Buchhandlung Bouvier steht heute noch auf dem ehemaligen Lese-Grundstück – sicherte die Finanzierung des neuen Gebäudes, in dem sich dann nach seiner Fertigstellung 1897 eine der glanzvollsten Perioden in der Geschichte der „Lese" bis zum Zweiten Weltkrieg abspielen sollte.

Die „Lese- und Erholungsgesellschaft" verfügte immer über Festsäle, die sie vermietete; auch so sicherte sie sich einiges an Einkünften, andere große Festsäle gab es in Bonn nicht. Bis 1850 besaß sie die größte Bibliothek der Stadt, zu ihr hatte die Garnison Zutritt. Anders als der katholisch-kaufmännisch ausgerichtete „Bürgerverein", gegründet 1862, der sein Haus

1910 auf dem Gelände des heutigen Hotels „Bristol" errichtete, stellte die „Lese" einen Hort preußisch-protestantischer Gesinnung dar. 1944 wurde das schöne Gebäude der „Lese" bei einem Luftangriff zerstört.

Der Wiederaufbau gelang nach dem Krieg in freilich kleinerem Rahmen. Als drückendste materielle Not nach 1945 gemildert war, bestand wieder Interesse am Lesen. Bücher gab es kaum, die Lese-Mitglieder tauschten die Bestände ihrer Gesellschaft, die bei ihnen eingelagert waren, untereinander. So kam man in Kontakt, erste Feste folgten in Gaststätten oder auch in der Industrie- und Handelskammer. Das Lesen trat nach einiger Zeit erneut in den Hintergrund, das Organisieren von Geselligkeit an die erste Stelle.

Das Symbol der „Lese": Der Bienenkorb.

Ein Bonner Salon

Sibylla Mertens-Schaaffhausen und ihr Kreis

Im März 1831 schreibt Annette von Droste-Hülshoff in Plittersdorf einen Brief an ihre Mutter, in dem sie ihr langes Schweigen entschuldigt: „Was Du von mir denkst, meine liebe alte Mama, das weiß der liebe Gott, aber das weiß ich wohl, daß ich ganz unschuldig bin und in den letzten vier Wochen oft nicht wußte, wo mir der Kopf stand. Ich bin jetzt schon in der 5. Woche bei der Mertens, die sehr gefährlich krank gewesen ist. Ich habe viel Last gehabt, so viel wie in meinem Leben noch nicht . . . Die Mertens war so elend, so matt, daß ich dachte, sie wäre in den letzten 14 Tagen der Schwindsucht, aber es sind alles nur Krämpfe gewesen. Sie ist jetzt besser. Das Kopfübel ist gehoben, sie nimmt stärkende Bäder, wonach, wie der Arzt meint, ihre Kräfte sich vielleicht sehr bald wiederherstellen werden. Die Adele (Schopenhauer) ist gekommen, mich abzulösen, und nun bin ich wieder hier. Ach Gott, was habe ich für Angst ausgestanden!"

Noch im Jahre 1842 denkt die Droste an die so sorgenreichen Wochen und erinnert die Freundin mit dem Gedicht „Nach fünfzehn Jahren" an die in Plittersdorf gemeinsam verlebten Wochen. „Die Mertens", die Annette von Droste-Hülshoff und Adele Schopenhauer zu ihren Freundinnen rechnen kann und von ihren Bewunderern mit dem Ehrentitel „Rheingräfin" geschmückt wird, ist Sibylla Mertens-Schaaffhausen, geboren am 29. Januar 1797 als Tochter des reichen Bankiers Abraham Schaaffhausen in Köln.

Weil ihre Mutter nur einige Tage nach der Entbindung starb und Sibylla sich von der Frau, die ihr Vater im Jahre 1800 heiratete, stets zurückgesetzt fühlte und auch all ihre Stiefgeschwister ablehnte, galt ihre ganze Zuneigung, ja leidenschaftliche Liebe dem Vater. Auch Abraham Schaaffhausen hing besonders an seiner Ältesten und bemühte sich sehr um ihre Erziehung und Bildung. Sibyllas große Begabung auf musikalischem und sprachlichem Gebiet wurde durch den Vater gefördert. Und indem er Sibylla durch seine Freunde, den Historiker Ferdinand Franz Wallraf und den Kunstsammler Matthias Joseph de Noël, unterrichten ließ, wurde sie früh vertraut mit der Liebhaberei Abraham Schaaffhausens, der Altertumsforschung und dem Sammeln von alten, vorzugsweise römischen Münzen und Antikaglien. Dieses in der Kindheit geweckte Interesse entwickelte sich bei Sibylla zur liebsten Beschäftigung ihres Lebens, der sie sich ernsthaft und wissenschaftlich widmete, so daß man sie später häufig als Spezialistin heranzog und ihre fundierten Kenntnisse schätzte, die bei einer Frau – auf diesem Wissensgebiet – erstaunten.

Zunächst jedoch verlief ihr weiterer Lebensweg ebenso wie der der meisten ihrer Geschlechtsgenossinnen zu jener Zeit. Am 12. Juni 1816 heiratete sie – auf ausdrücklichen Wunsch ihres Vaters – dessen leitenden Angestellten Louis Mertens, der später das Bankgeschäft übernahm. Sibylla hat stets betont, daß sie „verheiratet wurde", daß sie sich nur dem Willen des Vaters gefügt habe. Ihre Ehe mit dem viel älteren Geschäftsmann, der sechs Kinder entstammten, wurde, aufgrund der Verschiedenheit der Charaktere, eine äußerst unglückliche. Annette von Droste-Hülshoff schreibt einmal in einem Brief von der „Höllenehe", die das Paar führe, sieht aber recht objektiv die Schuld bei beiden Beteiligten, von denen keiner nachgeben wollte.

Obwohl der Gedanke einer Scheidung erwogen und diskutiert wurde, hat sich Sibylla nie ernsthaft um eine Trennung bemüht – nicht zuletzt aus religiösen Gründen. Man arrangierte sich, und die Möglichkeit einer häufigen räumlichen Entfernung voneinander kam Sibylla und ihrem Mann sehr entgegen.

Seit 1822 kränkelnd – vermutlich aufgrund eines Sonnenstichs –, lebte die junge Frau gerne außerhalb Kölns in ländlicheren Gebieten, zunächst in Unkel in dem Landhaus „Am Zehnthof", das Louis Mertens gekauft hatte, und ab 1824 auf dem Gut

Auerhof bei Plittersdorf, das sie nach dem Tode ihres Vaters geerbt hatte.

In Plittersdorf hielt sich Sibylla den größten Teil des Jahres mit ihren Kindern auf, kümmerte sich um den Garten, verwaltete die umfangreichen Besitztümer, zu denen u. a. Weinberge auf der anderen Rheinseite und die Spitze des Petersberges gehörten, erzog ihre Kinder und widmete sich leidenschaftlich ihren Altertümern, mit denen sie ihr Heim ausschmückte.

Hier empfing sie auch ihre vielen illustren Gäste und Freunde, die das gebildete Gespräch mit der Hausfrau und die vortreffliche Bewirtung schätzten. Als Besucher kamen u. a. Franz Ferdinand Wallraf, M. Joseph de Noël, Kanonikus Franciscus Pick, der Erzbischof von Köln, der Musiker Ferdinand Ries, die Droste, der Literarhistoriker Oskar Ludwig Bernhard Wolff aus Jena und Johanna und Adele Schopenhauer. Zu Adele entwikkelte sich eine innige Freundschaft, die auch durch die gelegentliche Exzentrizität und die Eifersucht der Schriftstellerin auf andere weibliche Bekannte Sibyllas und auf Louis Mertens nicht nachhaltig gestört werden konnte.

Kurz nach dem Kennenlernen im Jahre 1828 schrieb Adele Schopenhauer an ihre Freundin Ottilie von Goethe nach Weimar: „Ich habe wieder eine menschliche weiche Neigung in meinem von Kummer versteinten Herzen – zu einer Frau, die im Wesen Dir und mir gleicht, doch verschieden von beiden etwa zwischen uns zu stellen ist. Was sie alles getan hat, um mich zu gewinnen, aus welcher reinen Absicht, wie sie mittendrin die Absicht verloren und nur Gefühl geworden, das, meine liebe Ottilie, ist zu groß und wunderlich, um es einem Wisch Papier anzuvertrauen, den Du doch herumliegen läßt."

Als Adele und ihre Mutter sich am Rhein niederlassen wollten, stellte ihnen Sibylla den Zehnthof in Unkel als vorläufiges Domizil zur Verfügung, später hat Adele dann in Bonn und Rom zusammen mit der Freundin gewohnt, von Sibylla finanziell unterstützt, umsorgt und in den letzten Lebenswochen im August 1849 aufopfernd gepflegt. Von Adele Schopenhauer erfährt auch Goethe über Sibylla, lebendig erzählt sie ihm vom gemeinsamen Leben und weist darauf hin, daß auch ihre neue Freundin bei Lektüre und Gespräch Bereicherung erfährt:

„Dieses wunderbare Wesen entfaltet jetzt sich auf zweifache Weise so überreich, daß ich es nicht wohl zu vergleichen weiß, wenigstens nicht schriftlich. Während sie am Tage mit Schreiner, Schlosser, Wein- und Landbebauer, Vergolder, Tapezierer, kurz mit allen Handwerkern als tüchtiger Sachkenner und Berater um die Wette arbeitet, mit den feinen Händen ungeheure Lasten hebt und immer im Denken und Tun als Praktiker den Nagel auf den Kopf trifft, liest sie abends mit der Mutter mythologische Schriften oder Uebersetzungen der alten (sic) oder auch mit mir Ihre Werke. Mich freut bei letzteren das frische Auffassen und genaue Durchschauen, bei dem Lesen des Horaz aber oder geschichtlicher Lateiner überkommt mich ein ganz besonderes Vergnügen. Wie sich Ihre Iphigenie zu den alten Tragikern verhält, so möchte ich sagen, verhält sich Sibyllens Geist zu den alten Autoren und den neuen Gelehrten. Die Art, wie sie die Schönheit ergründet und auffindet, wo nur ihre Spur zu sehen, die Weise, mit welcher sie sie zurückgibt, ja, sie eigentlich lebendig zurückstrahlt, sind weder antik noch dem Lesen und Auffassen unsrer Philologen oder Geschichtskundigen vergleichbar, aber ihnen doch analog. Sibylla liest anders als alle Frauen, die ich bisher dergleichen Sachen habe lesen sehen; man fühlt, daß sie von Jugend auf im Umgang geistreicher Männer deren Anschauungsweise gesehen und eben genug davon angenommen hat, um nicht ihrer Eigentümlichkeit zu schaden. . . Dann, damit ich Sibyllen treuer Ihnen zeichne, dann ist die Frau doch auch weder *gelehrt* noch *pedantisch,* auch nicht einmal an das Sprechen über ihre Lieblinge gewöhnt, sie lebt zum erstenmal mit mir und der Mutter mit Menschen, welche ihre Interessen teilen und ihr ihre Vorzüge nicht verdenken. Natürlich gibt das den Worten eine Jugendfrische, die mich fortreißt."

Die letzten Sätze Adeles sind natürlich gegen Louis Mertens gerichtet, mit dem sie sich nach kürzester Zeit der Bekanntschaft in einem permanenten Kleinkrieg befand. Aber Sibylla ließ sich von ihrem Mann in der Zuneigung zu der neuen Freundin nicht beirren; auch in Bonn war Adele häufiger Gast; denn als das Bonner Wohnhaus der Familie Mertens in der Wilhelmstraße im Jahre 1832 fertiggestellt war, gab Sibylla dort glänzende Feste, Gesellschaften und Hauskonzerte. So sang etwa 1833 Margarete Stockhausen in Sibyllas Salon für deren Kölner und Bonner Freunde.

Zu den Schriftstellern, die sie empfing, gehörten die Engländerin Anna Jameson, die ein kurzweiliges Reisebuch über ihre Erlebnisse am Rhein verfaßte, in dem sie Sibylla begeistert beschreibt und sich ironisch über die Damen Schopenhauer äußert, sowie der Italiener Giovanni Berchet und Henriette Paalzow aus Berlin, Verfasserin des berühmt-berüchtigten „Godwie-Castle". In den Bruder Henriettes, den damals anerkannten Portrait- und Historienmaler Wilhelm Wach, verliebte sich Sibylla kurzzeitig. Er gab der Freundin den Namen „Rheingräfin", der von vielen aufgegriffen wurde.

Auch Ottilie von Goethe, die sich mit Adele Schopenhauer in der gemeinsamen Weimarer Zeit eng befreundet hatte, gehörte zu den Besuchern in Bonn; in Frankfurt und später in Italien sind sich Sibylla und Goethes Schwiegertochter mehrmals begegnet. Beide Frauen faßten eine starke Zuneigung zueinander, und Sibylla hat Ottilie mehrmals finanziell unterstützt, hat ihr auch in schwierigen Situationen zur Seite gestanden, sich z. B. um die Unterbringung und Versorgung von Ottilies unehelichem Kind gekümmert.

Das gesellschaftliche Leben in Bonn, die Freundschaft vieler bedeutender Männer und Frauen, die Sammlungen, das finanziell unabhängige Leben – all das konnte ab den 30er Jahren nicht mehr verhindern, daß Sibylla zunehmend kränkelte und depressiv wurde. Bereits seit 1822 litt sie fast ständig an Kopfschmerzen und nervösen Beschwerden, war stets in ärztlicher Behandlung. Im Sommer 1835 verschlimmerte sich ihr Zustand so sehr, daß ihr Arzt dringend einen Klimawechsel empfahl. Sibylla konnte nicht mehr länger der strahlende Mittelpunkt ihres Salons sein, sie drohte in Melancholie und Apathie zu versinken.

Unwillig zunächst fügte sie sich dem Wunsch des Arztes und ihrer Familie und machte sich mit dreien ihrer Kinder und einigen Bedienten auf nach Genua, wo sie sich dann fast ein Jahr lang aufhalten sollte.

Nach einer recht langen anstrengenden Fahrt kommt Sibylla

Mertens-Schaaffhausen am 4. Juli 1835 in Genua an, schon am 10. Juli bewohnt sie ein Haus, hat ihre alte Munterkeit wiedergewonnen und fühlt sich offensichtlich wohl: „Ich habe ein Haus gemietet, vor einer Stunde erst meinen Schreibtisch wieder etabliert und sitze jetzt in einem großen hohen Saal der vormaligen Casa Grimaldi, am Hafen, diesen und einen Teil des Panoramas überschauend: weit vor mir Horizont und Meer. Unten schreien und lärmen Matrosen, Facchinis (Lastträger), Zitronen- und Kuchenverkäufer, Marmorschleifer, Bettelbuben, Esel und Maulesel, Holzhändler und die zahlreichen Käufer . . . Und nun abends, wenn die Dämmerung sich über Berge und Flut lagert und Horizont und Meer in eins verschwimmen, dann entzündet sich die weithin leuchtende Flamme der Fanale, der Hafengeneral durchfliegt in reichbemannter glänzender Barke die Kreislinie des Hafens, die Glocken von Carignano, San Lorenzo und Annunziata und unzähliger anderer Kirchen läuten den Abendsegen, und das Geschütz des Hafenwalles grüßt die nahende Nacht. Dann fahre ich hinaus in der kleinen Gondel, die mein munterer Gondolier Tonino mit graziöser Kraft durch die Fluten lenkt, quer durch den Hafen, am Molo vorbei und dann hinaus auf die stille Weite des purpurnen Meeres – es ist über alle Worte! . . . Wir werden nun unsern eignen Haushalt führen: Minna, die Kammerjungfer, kann Gemüse kochen und Pfannkuchen backen; Luigi, der Bediente, ist ein vortrefflicher Koch für Kotelettes, Beefsteaks und Maccaroni; Johann, der Kutscher, schält Kartoffeln und behauptet, Reisbrei sei sein Meisterstück! So geht denn die Wirtschaft à l'allemande, à l'anglaise, à l'italienne, ganz behaglich vorwärts."

Das südliche Klima, die neuen Bekanntschaften und Eindrücke förderten ihre Genesung; Sibyllas völlige Gesundung ist aber paradoxerweise auf die Choleraepidemie, die in Genua ausbrach, zurückzuführen. Hier ergab sich eine Situation, die tatkräftiges Eingreifen erforderte, Sibylla hatte seit langer Zeit wieder einmal das Gefühl, etwas Sinn- und Wertvolles zu tun. Sie kümmerte sich um die Kinder, die durch die schreckliche Krankheit ihre Familie verloren hatten, sammelte Geld, um ihnen Kleidung und Nahrung geben zu können, und sorgte für deren Unterricht. Sie schreibt darüber: „An die armen Kinder, deren Vater und Mutter der Seuche erlagen, dachte niemand. Die Reichen waren entflohen; Frauenvereine gibt es hier nicht; die Behörden rührten keinen Finger. Einige Personen legten bescheidene Summen in meine Hand, die Hand der fremden Frau; ich verständigte mich mit den Kommissionen und den Pfarrern, mein italienischer Bedienter war Dolmetsch, ich sorge für Reinlichkeit, Nahrung, Kleider, besuche die Pfleger etc., und so kommen seit dem 27. August jeden Morgen 8 Uhr sechsundfünfzig Kinder, alle vater- und mutterlos, in mein Zimmer, um von mir die geringen Mittel zu erhalten, das arme Leben wenigstens 24 Stunden fristen zu können . . . Diese Tätigkeit inmitten eines großen, allgemeinen Unglücks hat mich erhalten und gekräftigt, ich habe einen Lebenszweck gewonnen gerade dort, wo nur Tod keimte. Das Leben hatte längst keinen Reiz mehr für mich, die Apathie, an der ich seit langem leide, machte mir die Gefahr gleichgültig, und als ich nun die Mittel sah, nützlich zu sein, schwand diese Apathie, die bisher aller Kunst der Aerzte widerstand."

Größere Publizität ihrer Hilfe wurde auf Wunsch Sibyllas verhindert, aber die Genueser waren ihr, die als eine der wenigen Fremden nicht die Flucht ergriffen hatte, sehr dankbar und schmückten Sibylla mit dem Ehrennamen „la principessa tedesca", und der König zeichnete sie mit einer Medaille aus. Sibylla berichtete darüber am 22. November 1835: „Marie bringt mir einen dicken Brief, den ihr ein langer Offizier im Auftrag des Grafen Palormo für meine Wenigkeit eingehändigt hat. Er ist ein Muster galant-diplomatischen Stils und begleitet eine goldene Medaille, die mir der König als Anerkennung der seinen Untertanen geleisteten Unterstützung sendet. Ich freute mich recht und denke, die Sache verdiente und ich durfte es." Später fügte sie noch hinzu: „Da vierzehn Tage später noch keine weitere ausgeteilt war, obgleich noch elf hergestellt wurden, ist die Medaille wirklich eine Auszeichnung."

Sibylla gewann unter den Adligen und Gelehrten Genuas viele Freunde, führte einen umfangreichen Briefwechsel mit Historikern, Altphilologen und bekannten Größen der Altertumsforschung. Ihre „Kunst des Schenkens" konnte sich in

Italien für ihre daheimgebliebenen Bekannten voll entfalten. So hat sie rare Bücher für die Bonner Universitätsbibliothek gesammelt, für den botanischen Garten seltene Pflanzen und Sämereien gekauft; sie ließ Skizzen von Bauwerken für befreundete Maler und Bildhauer anfertigen und erwarb so manches Kunstwerk für deutsche Museen: Ihre berühmteste Entdeckung ist das „Genueser Fragment" des Reliefs des Mausoleums in Halikarnaß.

Aus dem geliebten Italien zurückgekehrt, empfand Sibylla Deutschland bald als eng und kleinlich. 1842 starb völlig unerwartet Louis Mertens. Annette von Droste-Hülshoff schreibt dazu an ihre Schwester Jenny im September desselben Jahres: „Die Mertens fand ich sehr leidend an ihrem Hämorrhoidalübeln, und sie wird sich wahrscheinlich einer Operation unterwerfen müssen . . . Ihren Mann fand ich sehr elend, er sah gelb und aufgeschwemmt aus, war unbeschreiblich verdrießlich und klagte sehr. Zu ihrer Ehre sei's gesagt, daß sie recht besorgt um ihn war und viel Geduld hatte, wollte Gott, sie hätte es früher gehabt! Jetzt wollte es nicht ausreichen, er sagte: ‚Ich will mich ärgern, das bekömmt mir gut.' Und das Haus war, wie seit lange, ein grenzenlos trübseliger Aufenthalt. Am Abend meiner Abreise ging ich nochmals hin, er war ungewöhnlich aufgeräumt, sagte, er fahre noch denselben Abend nach St. Thomas bei Unkel, einer ihm gehörigen Fabrik, der sein Kompagnon und Schwiegersohn Esser (Theresens Mann) vorsteht, und nahm sehr herzlichen Abschied von mir. . . Am andern Nachmittag um vier fuhr ich nun mit dem Dampfboot ab, was die Nacht durchfuhr bis Wesel. Kaum waren wir im Gange, als ich einen Passagier zum andern sagen hörte: ‚Haben Sie schon von dem Unglück gehört? Herr Mertens ist diesen Morgen in St. Thomas in seinem Bette tot gefunden worden, die Frau ist in Plittersdorf und weiß es noch nicht.' Du kannst denken, wie ich mich erschreckte; ich wandte mich an den Herrn, der aber selbst nichts Genaueres wußte. Die Nachricht war soeben in Bonn angekommen. Auf dem Dampfboot fand ich niemand, dem ich mich hätte anschließen können, und saß so still vor mich hin."

Nach dem Tod des Ehemannes hat Sibylla einige durchaus selbstkritische Gedanken über ihre unglückliche Ehe, die sie beklagt und nun resignierend akzeptiert, ihren Tagebüchern anvertraut: „Armer Louis! Auch ich war Dir kein Glück! Was war Dir ein Glück? Nicht der Besitz, nicht die Arbeit, nicht der Genuß des unabhängigen Lebens, nicht die Güter, die Du doch liebtest, nicht der Reichtum, den zu erwerben Du Dich mühtest, nicht das Haus und seine Stille, nicht die Welt und ihre Freuden! Dir war es geweigert vom harten Schicksal, Dich des Erfreulichen in heiterer, behaglicher Ruhe zu freuen, und der Erde Güter, die Du erstrebtest, wurden Dir eine Last! Und doch, wer weiß, ob unter andern Bedingungen des Lebens Du nicht zufrieden, glücklich geworden wärst? Wer weiß, ob ich selbst nicht die Hemmung war Deines Glückes? Diese so ganz verschiedenen Ansichten, Tendenzen, Bedingungen und Wünsche konnten ja wohl nicht freundlich sich nebeneinander bewegen! Armer Louis! Vergib mir es, wenn ich hemmend, störend in Dein Leben trat! Mein gebrochenes Lebensglück vergab ich Dir längst!"

Die Ordnung des Nachlasses wurde schwierig, Sibylla war per Gesetz die Erbin der Hälfte des Vermögens, alle Kinder zusammen Erben des Rests; diese bestanden nun auf Auszahlung ihres Anteils, was nicht sofort und nicht leicht geschehen konnte, weil an Barvermögen nicht viel vorhanden war. Erst mußten alle Besitztümer: Häuser und Grundstücke verkauft werden; nur von ihren Sammlungen wollte Sibylla sich nicht trennen und sie später geschlossen einem Museum oder einer Stiftung übergeben. Die Kinder und Schwiegerkinder waren mit all diesen sich aus den besonderen Umständen ergebenden Verzögerungen nicht einverstanden und drängten – der Streit war da. Sibylla floh so oft es nur ging, so besucht sie 1843 Annette von Droste-Hülshoff im Münsterland. Im Herbst finden wir sie wieder in Genua, und 1844 ging Sibylla mit Adele Schopenhauer für längere Zeit nach Rom, wo sie sich im Palazzo Poli eine Wohnung mietete. Dienstags gab Sibylla dort ihre berühmten Empfänge; der Salon der Kölnerin gehörte bald zu den erwähnenswertesten Gesellschaftsereignissen Roms. Sibylla forschte in den Bibliotheken, Gärten und bei den Antiquaren nach Besonderheiten für ihre Sammlungen und für ihre Freunde.

Wie glücklich und geborgen sich Sibylla in Rom fühlte, zeigt deutlich ein Brief, den sie zu Beginn des Jahres 1846 an ihre Stiefschwester Lilla nach Köln schrieb: „Rom ist mir fast heimatlich! Es ist mir, als tauchten überall Erinnerungen in mir auf, die ich nicht bestimmen kann, es klingen überall Töne an meine Seele, denen ein verwandter Ton aus meinem Innern antwortet. Das ist die Macht der Größe und des Schönen, die uns hier überall umgibt . . . Da sehe ich denn bei mir, durch die Geräumigkeit meiner Wohnung begünstigt, manche meiner Landsleute, Fremde und Italiener, und habe die Empfehlungen meiner lieben genuesischen Freunde zum Eintritt in einige römische Häuser benützt. Die deutsche Gesellschaft in Rom brilliert in diesem Winter mit geachteten und berühmten Namen: Welcker ist hier, Gerhard mit Frau, Cornelius, der Maler, Fanny Lewald, Frau von Goethe, Friedländer, der Numismatiker, de Wette und andere mehr. Das setzt denn die ganze Landsmannschaft in Ansehen und ist dankenswert. In den Häusern der Gräfin Orfei, der Madame Carnevali, der Marchesa Carucci behandelt man mich fast wie eine Landsmännin, wozu mein gleich von Anfang an durchgesetzter Vorsatz, mein schlechtes Italienisch tant bien que mal zu reden, nicht wenig beitragen mag. Denn ich habe es stets zu sehr gefühlt, welche Behaglichkeit es ist, sich in seiner Muttersprache auszudrücken, um nicht diesen Vorteil den Personen zu lassen, die mich mit Gastlichkeit aufnehmen; ich verliere nur meinen intellektuellen Vorteil dabei, indem ich manches schlecht, manches gar nicht sage, was ich denke; aber ich gewinne mir eine gemütliche Annäherung, und da ist das, was ich aufgeben muß, wenig . . . Uebrigens könntest Du Dienstags abends sie bei mir einen großen Teil der europäischen Sprachen reden hören und alle Konfessionen vereint sehen, denn ich mache nur Sitte, Bildung und Geist sowie Duldung und so wenig Klatsch wie möglich zur Bedingung einer Präsentation. Deutsch, französisch, dänisch, russisch, polnisch und neugriechisch klingen da gegeneinander . . . Und nicht nur die verschiedenen Nationen, auch die Stände gehen ruhig durcheinander her: brillante Salondamen, Gelehrte, Geistliche, gute Hausfrauen, Künstler, musikalische Zelebritäten, Touristen, der Monsignore und die Schriftstellerin, der Kaufmann und der Prinz, der Gesandte und der Dr.

juris, der Arzt und die elegante Frau! . . . Ich wohne in einem hübschen Quartier, gerade ober der Fontana di Trevi, die unter den Fenstern meines Saales in ein ungeheures Becken fällt, ziemlich nahe dem Corso, fast im Mittelpunkt des belebteren Teiles der Stadt."

Zu den gelegentlichen Gästen in Sibyllas Salon in Rom gehörte auch die Schriftstellerin Fanny Lewald, die eine recht plastische Schilderung der Mertens aus jenen Jahren gibt: „Es war eigentlich nichts Ungewöhnliches in ihrer Erscheinung, aber sie selbst war ungewöhnlich, und das Gewöhnliche wurde an ihr zu einem Besonderen und bildete sie zu einem Besonderen aus. Sie sah nicht aus wie die anderen Frauen, nicht wie alle Welt. Reich und frei geboren, mochte sie damals über fünfzig Jahre alt sein, eine über das Mittelmaß große magere Gestalt. Der schmale, fast fleischlose Kopf war von glattem, dickem und kurz abgeschnittenem Haar umgeben. Der ganze Knochenbau lag zutage, die Backen- und Augenknochen sprangen hervor, die Lippen waren schmal, der Mund nicht klein, das Kinn stark, und doch konnte man von diesem Kopfe den Blick nicht abwenden, wenn man ihn einmal scharf darauf gerichtet hatte. Auf den alten Bildern der niederländischen Schule habe ich solche Frauengestalten gesehen."

Geliebt und geachtet, der Mittelpunkt eines Kreises interessanter und geistreicher Menschen, hat Sibylla Rom nicht gern verlassen, und ihre gelegentlichen Besuche in Bonn wurden ihr, nachdem die Kinder einen Prozeß angestrengt hatten, immer mehr verleidet und peinlich. Ihre Gesundheit litt sehr unter dem für sie so schmerzlichen Geschehen, nur bei gelegentlichen kurzen Reisen, etwa nach Wien, erholte sie sich immer ein wenig von der großen psychischen Belastung.

Und als dann 1852 der Streit endlich mit einem Vergleich endete, war sie gezwungen, noch bis 1856 kränkelnd in Bonn zu bleiben, um ihr Vermögen und ihre Sammlungen zu ordnen. Immer mehr merkte sie, daß die Kämpfe der letzten Jahre ihre körperliche Kraft zerrüttet hatten – sie sehnte sich nach Italien und hoffte, dort Ruhe und Genesung zu finden. Sie schrieb an Ottilie von Goethe, nachdem der Prozeß ein Ende hatte: „Es liegt hinter mir! Leider liegen zehn Lebensjahre in jenem dumpfen Grabe, welches Habsucht und Unredlichkeit mir gruben, zehn Lebensjahre, von denen nur jene drei in Italien mir wirklich angehörten: die sieben anderen rein verloren in jenen scheußlichen Gelderörterungen!" Als sie dann frei war von allen Verpflichtungen und reisen konnte, erkrankte Sibylla so schwer, daß sie wiederum monatelang in Bonn festgehalten wurde. Ihre Briefe beklagen heftig ihren schlechten Zustand, aber dennoch gelang ihr im Herbst 1855 die endgültige Auflösung ihres Haushaltes. Sie nahm sich eine Wohnung in Weimar, wohin sie einen Teil ihrer Möbel und ihrer Sammlungen schaffte, und ein Zimmer in Bad Godesberg mietete sie. Im April 1856 zog sie vorerst einmal in diesen Badeort vor Bonn, stets geplagt von Schwächeanfallen; erst im Oktober begab sie sich auf die Fahrt nach Italien mit Zwischenaufenthalten in Mainz, Frankfurt, Weimar, Dresden und Paris.

Am 19. Dezember 1856 erreichte sie endlich wieder ihr geliebtes Rom; Sibyllas Biograph H. H. Houben zitiert ihren glücklichen ersten Brief an Ottilie von Goethe: „Seit ich in Civitavecchia landete, ist das Wetter wundervoll schön, der Himmel blau, die Sonne warm; Hunderttausende von Lerchen, Drosseln und Wachteln flogen bei meiner Herfahrt, die ich allein im offenen Wagen machte, über den schon grünen Saatfeldern; die Stoppelfelder des vorigen Sommers waren bedeckt von großen Horden weidender Pferde, Schafe und Rindvieh. Ich bin kaum jemals in meinem Leben so froh gestimmt gewesen wie auf dieser Fahrt, die mich zum Ziel eines jahrelangen Strebens führte."

Sibylla hat das Leben in Rom nicht mehr lange genießen können, eine fiebrige Erkrankung, die sie im Juli 1857 befiel, verschlimmerte ihren geschwächten Zustand. Am 22. Oktober schrieb der Freund Wittmer, ein Maler, an ihren Sohn Gustav, daß Sibylla Mertens-Schaaffhausen am frühen Vormittag verstorben sei. Die wertvollen Sammlungen hatte Sibylla noch zu Lebzeiten Museen als Schenkungen angeboten, ihre Pläne aber nicht realisieren können, und so wurde ihr Lebenswerk stückweise verkauft und verstreut.

Direktrix, Urmau
und die anderen Maikäfer

Der Dichterkreis um Johanna und Gottfried Kinkel

„Frau Johanna war durchaus nicht schön. Ihre mittelgroße Figur war breit und platt; Hände und Füße, wenn auch nicht besonders groß, doch unzierlich geformt; die Gesichtsfarbe dunkel; die Züge grob und ohne weiblichen Reiz . . . Aber aus ihren stahlblauen Augen strahlte eine dunkle Glut, die auf Ungewöhnliches deutete. In der Tat, der Eindruck des Unschönen verschwand sofort, wenn sie zu sprechen anfing. Auch dann schien sie zuerst noch von der Natur vernachlässigt zu sein; denn ihre Stimme hatte etwas Heiseres und Trockenes. Aber was sie sagte, pflegte den Zuhörer sofort zu fesseln . . . Sie hatte eine ungemein gründliche musikalische Bildung genossen und spielte das Klavier mit Meisterschaft. Ich habe Beethovensche und Chopinsche Kompositionen selten so vollendet wiedergeben hören wie von ihr . . . Sie komponierte ebenso reizend, wie sie spielte." Diese Beschreibung Johanna Kinkels findet sich in den Lebenserinnerungen Carl Schurz', der dort auch seinem Lehrer und Freund Gottfried Kinkel ein Denkmal setzt, das um einiges schwärmerischer ausfällt, erscheint Schurz doch Kinkel nicht nur mit geistiger Kraft begabt, sondern auch von körperlicher Anmut. „Kinkel war ein auffallend schöner Mann, von regelmäßigen Gesichtszügen und von herkulischem Körperbau, über sechs Fuß groß, strotzend von Kraft. Unter seiner von schwarzem Haupthaar beschatteten breiten Stirn leuchtete ein Paar dunkler Augen hervor, deren Feuer selbst durch die Brille, die er damals durch seine Kurzsichtigkeit zu tragen gezwungen war, nicht gedämpft wurde. Mund und Kinn waren von einem schwarzen Vollbart umrahmt. Kinkel besaß eine wunderbare Stimme – zugleich stark und weich, hoch und tief, gewaltig und rührend in den Tönen, schmeichelnd wie die Flöte und schmetternd wie die Posaune, als umfaßte sie alle Register der Orgel."

Die Verbindung dieser beiden äußerlich so unterschiedlichen Partner war vielen Bonnern der akademischen und gehobenen bürgerlichen Kreise ein Ärgernis, hatte doch der protestantische Theologe Kinkel die um fünf Jahre ältere geschiedene Katholikin Johanna geheiratet. Geistige Übereinstimmung hatte die beiden zusammengeführt, die sich in Herkunft und Lebensführung so gar nicht glichen.

Gottfried Kinkel wurde am 11. August 1815 als Sohn eines Pfarrers in Oberkassel bei Bonn geboren, seine Erziehung war eine streng protestantische, wobei sich kalvinistische und pietistische Einflüsse die Waage hielten. So war es nicht verwunderlich, daß er sich 1831 zum Studium der Theologie in Bonn, später in Berlin, entschloß und seit 1837 als Privatdozent für Kirchengeschichte an der Bonner Universität lehrte. Aber es zeigte sich schon recht früh, daß Kinkels wirkliches Interesse und auch seine Begabung auf dem Gebiet der Literatur und der Kunstgeschichte lagen. Johanna hat ihn bestärkt und ihm letztlich entscheidend geholfen, seinen Weg zu finden.

Er lernte Johanna Mathieux 1839 kennen; die junge Frau war keine alltägliche Erscheinung in der Bonner Gesellschaft, sie überragte nicht nur viele durch Bildung und Esprit, sie hatte auch bereits ‚eine Vergangenheit'. Am 8. Juni 1810 als Tochter des Gymnasiallehrers Mockel in Bonn geboren, verheiratete sich die hochmusikalische Johanna – ihr erster Lehrer war Franz Ries, der noch Beethoven unterrichtet hatte – 1832 mit dem Musikalienhändler Mathieux aus Köln. Die Ehe wurde sehr unglücklich, schon bald verließ Johanna ihren Gatten, kehrte ins elterliche Haus zurück und bemühte sich lange vergeblich um eine rechtsgültige Scheidung. Da werden die Bonner wohl zu munkeln gehabt haben! Für drei Jahre, 1836 bis 1839, ging die junge Frau nach Berlin, um ihre musikalische Ausbildung zu vervollkommnen – sie soll sich zu einer ausgezeichneten Pianistin entwickelt haben; sie komponierte und war als Musikpädagogin allseits geschätzt. Nach Bonn zurückgekehrt, verdiente sie sich ihren Lebensunterhalt als Klavierlehrerin, rief einen musikalischen Zirkel ins Leben und leitete Chor- und Konzertaufführungen. Im Salon der Sibylla Mertens-Schaaffhausen schätzte man ihre Künste als Dirigentin. Als Gottfried Kinkel Johanna Mathieux traf, führte sie, obwohl bei den Eltern wohnend, das Leben einer selbständigen, selbstsicheren Frau, die sich ohne weiteres allein zurechtfand.

Den „viel weicheren" Kinkel, wie Edith Ennen in den Rheinischen Lebensbildern schreibt, faszinierte sie, die beiden befreundeten sich. Aus der gegenseitigen Zuneigung, die auf dem gemeinsamen, schöngeistigen Interesse basierte, wurde im Laufe der Zeit Liebe. Aber Kinkel war mit Sophie Boegehold, einer Pfarrerstochter und Schwester seines Schwagers, verlobt und Johanna eine geschiedene Frau, außerdem gab es den Unterschied der Konfession, der für den Dozenten an der evangelisch-theologischen Fakultät von schwerwiegender Bedeutung sein mußte.

Gottfried Kinkel brauchte lange, bis er sich dazu durchgerungen hatte, seine Liebe öffentlich, mit allen daraus entstehenden Folgen zu bekennen. In Kinkels Zögern sieht die neueste Forschung – etwa Hermann Rösch-Sondermann in seiner 1982 erschienenen Dissertation – einen charakteristischen Wesenszug, von dem die älteren Biographen zugunsten einer Legendenbildung schweigen: „Auch die von Strodtmann und Kinkel selbst mythisierte, zur Schicksalsoffenbarung stilisierte Rettung der angeblich ertrinkenden Johanna aus dem Rhein, in deren Folge die beiden sich ihre gegenseitige Liebe gestanden, führte Kinkel zu keinem Entschluß. Er war insgesamt gesehen kein Mann schneller Entscheidungen, wenn es um Grundsätzliches ging. Hatte er sich allerdings nach langem Schwanken und Zögern zu einer neuen Sicht der Dinge durchgerungen, so vertrat er diese konsequent und gegen alle Widerstände. Die Entscheidung, die den Stein ins Rollen brachte, fiel Anfang Januar 1841; den Abschiedsbrief an Sophie Boegehold schrieb Kinkel am 18. Februar, nachdem er am 2. Februar 1841 seinen Schwager Wilhelm Boegehold von seiner Absicht unterrichtet hatte, das Verlöbnis mit Sophie aufzulösen."

Bis es am 22. Mai 1843 endlich zur Heirat mit Johanna

kommen konnte, mußten noch viele Rückschläge hingenommen und viele Schwierigkeiten beseitigt werden.

Kinkel wurde bereits im Februar 1841 von seiner Fakultät nahegelegt, seine Beziehung zu Johanna zu lösen. Nachdem er dies abgelehnt hatte, wurde Gottfried Kinkel im März seines Amtes als Religionslehrer an einer Mädchenschule in Bonn enthoben, im Mai kündigte ihm seine Kölner Gemeinde die Stelle als Hilfsprediger; die Fakultät ließ zudem immer wieder deutlich erkennen, daß sie die weitere Karriere Kinkels – etwa als Professor für Kirchengeschichte – als gescheitert ansah. Obwohl Johanna zum Protestantismus übertrat, soll es nicht einfach gewesen sein, einen Pfarrer zu finden, der bereit war, Johanna und Gottfried Kinkel zu trauen. Das Ehepaar konnte zwar eine universitätseigene Wohnung im Poppelsdorfer Schloß „Clemensruhe" beziehen, Johanna war auch weiterhin als Klavierlehrerin und Komponistin gefragt – doch Gottfried Kinkel lebte noch im Konflikt mit der evangelisch-theologischen Fakultät. Er entfernte sich auch immer mehr von der Theologie und widmete sich verstärkt kunstgeschichtlichen Studien, weil er in seinem Fach für sich keine Zukunft mehr sah. So schrieb Kinkel Artikel für die „Kölnische Zeitung", die Augsburger „Allgemeine Zeitung" und die „New Yorker Schnellpost" und hielt Vorträge über Kunstgeschichte. Als er im Februar 1846 zum außerordentlichen Professor der neueren Kunst-, Literatur- und Kulturgeschichte an der Universität Bonn ernannt wurde, „war damit auch der aus dem Wandel der Weltanschauung notwendig resultierende Berufswechsel erfolgt."

Gemeinsam begründeten Johanna und Gottfried noch vor ihrer Ehe den „Maikäferbund", eine Vereinigung von dichtenden Dilettanten und Schriftstellern, wie es sie auch in anderen Städten während des Biedermeier gab (etwa in Berlin oder später in Wuppertal). Am 29. Juni 1840, an „Peter-und-Paul", wurde dieser literarische Klub ins Leben gerufen. Der Legende nach soll Johanna bei der Absprache über den geplanten Verein ganz in Gedanken auf ein grünes Blatt Papier einen Maikäfer gezeichnet haben. Wie dem auch sei, der „Maikäferbund" bekam sein eigenes Publikationsorgan, den „Maikäfer", eine

„Zeitschrift für Nichtphilister". Im Titel steckt das Programm: „Zeitschrift könnte verstanden werden als Organ einer den neuesten Zeitströmungen gegenüber aufgeschlossenen Gruppe, die in jugendlichem Enthusiasmus gegen Anpassung, Unselbständigkeit, Phantasielosigkeit, mit ihren Worten: gegen die philiströse Geisteshaltung ihrer Umwelt aufbegehrt . . . Dem einfachen Bauern gelten die Maikäfer als Schädlinge, die bekämpft werden müssen, da sie offenbar zu nichts nutze sind. Der feinsinnige Mensch dagegen schätzt sie gerade um ihrer symbolischen Bedeutung willen. ‚Maikäfer' sind von allen bürgerlich-ökonomischen Zwängen befreit. So tritt die Verbindung zwischen ‚Maikäfern' und ‚Nichtphilistern' klar zutage."

In diesem Sinne schreibt Gottfried Kinkel auch in der ersten Nummer der Zeitschrift sein Gedicht „Die neubegründete Zeitschrift an ihre Leser":

> Geehrte Herrn! warum doch lächeln Sie,
> daß diese Blätter sich „Maikäfer" nennen?
> Erst lernen Sie den tiefen Sinn erkennen
> und des Maikäferthumes Poesie.
>
> Maikäfer sind kein unvernünftig Vieh,
> nicht Ochsen, die geistlos auf Vieren rennen,
> Muckvögel nicht, die sich im Licht verbrennen,
> nein, Meister des Genießens nenn' ich sie.
>
> In stätem Dusel von dem Rausch der Düfte
> in unartikulirtem heiterm Brummen
> durchschwärmen sälig sie des Abends Schein.
> So schwärmt aus diesen Blättern in die Lüfte
> ein Volk von Liedern, Späßen, grad' und krummen
> Geistreichen Freude, den Filistern Pein!

Bei der Gründung verfügte der „Maikäferbund" über vier Mitglieder, es waren dies Johanna Mathieux, Gottfried Kinkel, der Gymnasiast Andreas Simons, ein Pflegesohn der Eltern Johannas, und der Jurastudent Sebastian Longard. Beinahe sieben Jahre sollten die „Maikäfer" ihren literarischen Neigungen gemeinsam nachgehen können, wobei die Mitglieder des

Kreises allerdings sehr schnell und sehr häufig wechselten. „Der ‚Maikäfer' hatte ... anders als z. B. der Wuppertaler Dichterkreis, nur einen kleinen festen Mitgliederstamm. Seine Zusammensetzung unterlag ständigen Wechseln. Die Mehrzahl seiner männlichen Angehörigen waren nämlich als Studenten nicht fest an Bonn gebunden. Geht man von einer durchschnittlichen Studiendauer von sieben Semestern, die nur selten an einem Universitätsort verbracht wurden, aus und rechnet die für Examensvorbereitungen erforderliche Zeit ab, ergibt das eine nur kurze Spanne, in der den meisten Mitgliedern die Zugehörigkeit zum ‚Maikäfer' möglich war . . . In seiner über sechs Jahre währenden Geschichte zählen über zwanzig Mitglieder zum ‚Maikäfer', von denen aber nur ganz selten mehr als sechs gemeinsam in Bonn weilten. Neben den Kinkels gehörten eigentlich nur Andreas Simons, Karl Simrock und Alexander Kaufmann als Bonner dem Freundeskreis länger als ein Jahr in Kontinuität an", schreibt Wolfgang Beyrodt in seinem Buch über Kinkel als Kunsthistoriker.

Im Juni 1840 beschlossen die Gründungsmitglieder, sich jeden Dienstagabend zu treffen und sich gegenseitig die während der Woche entstandenen literarischen Beiträge zur Zeitschrift vorzulesen und zu besprechen. Jedes Mitglied, an dieser Regel wurde während der gesamten Zeit des Bestehens festgehalten, erhielt an einem Tag der Woche den Foliobogen, der die Zeitschrift ausmachte, schrieb sein Gedicht, seine Anekdote, Glosse, einen Teil einer Erzählung, einer Reisebeschreibung, eines Dramas, eines Romans oder eine kunsttheoretische Abhandlung auf, ohne lesen zu dürfen, was die anderen Mitglieder geliefert hatten. Auswärtige oder nur assoziierte (Ehren-)Mitglieder waren lediglich verpflichtet, ab und zu literarische Beiträge einzuschicken und an den Dienstagsversammlungen teilzunehmen, falls sie in Bonn weilten.

Die handgeschriebene „Maikäferzeitung" war lediglich für die Mitglieder des literarischen Kreises und eventuell anwesende Gäste bestimmt; interessierten Lesern liegt seit Ende 1982 ein erster Band, der die Jahrgänge 1840 und 1841 umfaßt, gedruckt vor, weitere Bände sollen erscheinen.

Alle „Maikäfer" erhielten besondere Namen: Gottfried Kinkel wurde „Wolterwurm", „Minister" oder „Urmau" genannt, wobei „Mau" eine Abkürzung für Maikäfer darstellt, Johanna präsidierte in dem Kreis als „Direktrix" oder auch als „Nachtigall" – Anspielungen auf ihre führende Rolle innerhalb der Vereinigung und ihre hohe Musikalität. Alexander Kaufmann rief man „Rosenkäfer", Willibald Beyschlag „Balder" und Leo Hasse „Oelkäfer".

Die meisten der Mitglieder waren keine professionellen Literaten, bemühten sich aber, für ihre Zeitschrift witzige, originelle, oft übermütige Beiträge zu liefern oder auch amüsante Vignetten zu zeichnen. Jacob Burckhardt z. B. schrieb romantische Gedichte und den Roman „Vom Kandidaten Schnipselius", Andreas Simons steuerte Anekdoten und Lyrik bei. In der zweiten Nummer, für die der Gymnasiast auch die Vignette zeichnete, findet sich sein „Lied eines faulen Secundaners":

> Die Bücher, die modrige Klasse,
>   Die Charten, so schmutzig und alt,
> Dem Allen entflieh' ich mit Hasse, –
>   Ich liebe den grünenden Wald!

> Anstatt Ciceronischer Briefe
>   Von mattem, geringem Gehalt,
> Tönt murmelnd der Bach in der Tiefe,
>   Und rauscht durch den lieblichen Wald.

> Statt Xenophons wässrigen Schriften,
>   Der nimmer die Mühe vergalt,
> Der Vögelein Lied in den Lüften
>   Vernimmt man im freundlichen Wald.

> Dort wehret mir keiner das Schlafen,
>   Nicht Mahnung entgegen mir schallt,
> Es droht kein Professor mit Strafen –
>   Drum lieb ich den ruhigen Wald.

> Und kommt einst der düstre Geselle,
>   Der Tod, und machet mich kalt,
> Dann tragt mich nicht hin zur Kapelle –
>   Will ruhen im dunkelen Wald!

Neben solch anspruchslosen Gelegenheitsgedichten enthalten die ersten Jahrgänge hauptsächlich Beiträge von Johanna und Gottfried Kinkel, die sich nicht selten über die „Philister" in der Stadt und an der Universität lustig machen. Höheren literarischen Ansprüchen können – neben einigen Kinkelschen Erzeugnissen – allenfalls die Beiträge Emanuel Geibels, später auch die Wilhelm Junkmanns und Karl Simrocks genügen.

Zu den bekanntesten „Maikäfern" zählt der oben erwähnte Jacob Burckhardt (1818–1897), der im Sommer 1841 in Bonn studierte und sich mit Kinkel befreundete. In seinen Briefen, die er nach seinem Bonner Aufenthalt aus Berlin an Kinkel schickte, erinnerte er sich stets wehmütig an die schöne Zeit am Rhein. Ferner ist zu erwähnen der ebenfalls bereits genannte Alexander Kaufmann (1815–1893), der das „Maikäfer-National-lied" schrieb und eine bekannte Biographie über Cäsarius von Heisterbach verfaßte, er starb als Archivrat im Dienste des Fürsten Löwenstein in Wertheim am Main.

Maikäferlein wollt freien gehn,
  Maikäfer, flieg!
Goldkäfer sprach: So sei doch klug!
Bist ja noch lang nicht schmuck genug,
  Maikäfer, flieg!

Wie sollt ich denn noch schmucker sein?
  Maikäfer, flieg!
Ei, wie man nur so fragen kann!
Schaff dir erst goldne Flügel an,
  Maikäfer, flieg!

Maikäferlein wollt freien gehn,
Hirschkäfer sprach: So sei doch klug,
bist ja noch lang nicht schmuck genug.

Wie sollt ich denn noch schmucker sein?
So schaff dir erst ein Prachtgeweih,
als ob dein Vater König sei.

Maikäferlein wollt freien gehn,
Mistkäfer sprach: So sei doch klug,
bist ja noch lang nicht schmuck genug.

Wie sollt ich denn noch schmucker sein?
Paß auf und höre meinen Spruch:
Schaff erst dir guten Wohlgeruch.

Maikäferlein flog weit und breit –
Wo kauft man goldne Flügelein
und Hirschgeweih und Düfte fein?

Maikäferlein flog lang umher
und ward ein alt Maikäferlein
und blieb doch, wie Maikäfer sein.

Maikäfer ward betrübet sehr
und sprach: Ich arm Maikäferlein,
jetzt bin ich alt und kriege kein!

Und was man lernt aus der Geschicht?
   Maikäfer, flieg!
Wer alt ist, kriegt kein Weiblein mehr,
drum hör, bedenk dich nicht zu sehr,
   Maikäfer, flieg!

Der Historiker und westfälische Dichter Wilhelm Junkmann (1811–1866), ein Freund der Droste und Christoph Bernhard Schlüters und später Abgeordneter der Paulskirche, gehörte zeitweilig dem Maikäferbund ebenso an wie Emanuel Geibel (1815–1884), der spätromantische Dichter, der nach 1852 der Mittelpunkt eines anderen literarischen Kreises, des „Krokodil" in München, wurde, und Willibald Beyschlag (1823–1900), der ab 1860 als Professor für praktische Theologie an der Universität Halle wirkte. Auch Ferdinand Freiligrath (1810–1876), dessen politische Entwicklung mit der Kinkels in etwa vergleichbar ist, kam durch den „Maikäfer" Karl Simrock (1802–1876), den Bonner Altgermanisten und Sohn von Beethovens Verleger Nikolaus Simrock, zum „Maikäferbund". Mit Simrock und Freiligrath befreundet, wurde auch der westfälische Schriftsteller Levin Schücking (1814–1883) mit dem Kreis um Kinkel bekannt und als Mitglied aufgenommen.

Unter den Ehrenmitgliedern lassen sich Nicolaus Becker (1809–1845), der Verfasser des berühmten patriotischen

„Rheinliedes" („Sie sollen ihn nicht haben, den freien deutschen Rhein") und Wolfgang Müller von Königswinter (1816–1873), bekannt durch seine am Rhein spielenden Gedichte und Erzählungen, finden.

Die glanzvollen Höhepunkte im gemeinsamen Leben der „Maikäfer" waren die Stiftungsfeste, die alljährlich zu „Peter-und-Paul" stattfanden, Johanna Kinkel erinnerte sich in späterer Zeit noch gerne daran: „Im Schlosse Clemensruhe bei Bonn, wo wir während unserer ersten Ehejahre wohnten, wurden diesem Feste zu Ehren zwei Zimmer reich mit Blumen geschmückt, deren eines an die Galerie des inneren Hofes stieß, während das andere, durch eine weite Flügeltüre mit diesem zu einem Raum verbunden, die freie Aussicht über den Schloßgarten nach dem fernen Siebengebirge gewährte . . . Im Halbkreis saßen Männer und Frauen, die sinnenden Häupter mit Kränzen von Efeu und Rosen geschmückt, und bildeten das Gericht über die jüngsten Werke des heiteren Bundes, die hier zum erstenmal zum Vortrag kommen sollten. Dieses Fest war von einem wahrhaft griechischen Hauch verklärt. Eine edlere geistige Stimmung im geselligen Genuß konnte nicht gefunden werden. Welche Erscheinungen zierten diesen Kreis! Genie, Feinheit und Grazie, Schönheit und Liebenswürdigkeit – jede holde menschliche Eigenschaft war dort einmal in ihrer höchsten Steigerung vertreten."

Gottfried Kinkels rheinisches Versepos „Otto der Schütz", das für ein solches Stiftungsfest entstand und von Johanna vertont wurde, machte ihn weiten Kreisen bekannt; es erlebte bis 1905 dreiundachtzig Auflagen. Neben diesen größeren Feiern veranstalteten die „Maikäfer" auch Theateraufführungen, unternahmen gemeinsame Spaziergänge und bemühten sich – meist sonntags – in ihrer „Malerakademie", ihre Zeitschrift mit besonders witzigen und bunten Vignetten zu versehen.

In der schwierigen Zeit der Auseinandersetzung mit Fakultät und Gesellschaft waren die meisten „Maikäfer", von denen nicht wenige Schüler Kinkels waren, Johanna und Gottfried Kinkel eine Stütze; man war sich einig in der Ablehnung der philiströsen Umwelt. Doch im Vorfeld der Revolution reichten gemeinsame ästhetische Ansichten, vereintes Spotten der „Nichtphilister" nicht mehr aus, um den Kreis zusammenzuhalten. „Es war ein Vorgefühl, daß das ästhetische Streben jetzt nichtig sei; daß eine große Zeit komme. Ich verging fast vor Langeweile wenn lyrische Gedichte vorgelesen wurden. Man war der Ruhe müde. Wir lösten den Verein auf, der zuletzt in ein gemüthliches Plauderstündchen versandet war. Es schien uns Unrecht *daran* noch ferner Kraft u. Zeit zu verwenden" – erinnerte sich Johanna Kinkel. Von der „Zeitschrift für Nichtphilister" sind sieben Jahrgänge erschienen, 1847 hörte der „Maikäferbund" auf zu bestehen.

Kinkel entwickelte sich immer mehr zu einem politisch engagierten Menschen, der sich besonders für die kleinen Handwerker und deren gesellschaftliche und soziale Stellung einsetzte. Bereits 1842 schrieb er in einem Gedicht:

> Nun ist mir längst vorbei die Zeit,
> romantisch zu phantasieren,
> und wo ich hinaus in die Welt nur seh',
> muß ich politisieren.

Im Verlauf der Revolution von 1848, die Kinkel als Volksredner an der Seite Arndts sah, wurde Gottfried Kinkel immer radikaler in seinen Ansichten, vom Anhänger einer konstitutionellen Monarchie entwickelte er sich zum entschiedenen Verfechter der Demokratie. Als Redakteur der „Bonner Zeitung" und als begabter Redner versuchte er, in seiner Heimatstadt politisch Einfluß zu nehmen, wirkte auch als Abgeordneter in der preußischen Nationalversammlung mit. Nach deren Auflösung beteiligte er sich am badischen Aufstand, wurde verwundet und geriet am Stiftungstag des „Maikäferbundes" 1849 in Gefangenschaft. Zuerst zum Tode verurteilt, dann zu lebenslänglicher Haft begnadigt, saß Kinkel im Spandauer Zuchthaus, aus dem ihn Carl Schurz im November 1850 befreite und mit ihm nach England flüchtete. Johanna konnte später mit den Kindern ihrem Mann ins Exil nach London folgen, wo sie schon im Alter von 48 Jahren bei einem Sturz aus dem Fenster starb.

Gottfried Kinkel wurde im Jahre 1866 als Professor für Kunst-

und Literaturgeschichte nach Zürich berufen. Er starb dort am 12. November 1882.

Die knappen sieben Jahre des „Maikäferbundes" erscheinen, wenn man sich das gesamte Leben Gottfried Kinkels vor Augen führt, als eine kurze, wenn nicht sogar belanglose Episode, diese Zeitspanne gehörte für ihn – trotz aller Widrigkeiten – aufgrund des Zusammenseins mit Johanna und gleichgesinnten Freunden zu den glücklichsten.

Maikäfervignette zum „Maikäfer" Nr. 19, 1840.

Von Heinrich Heine bis Thomas Mann

Deutsche Schriftsteller und die Universität Bonn

Als Friedrich Wilhelm III. im Mai 1818 Bonn als Sitz einer Hochschule vor Köln den Vorzug gab und am 18. Oktober desselben Jahres die Stiftungsurkunde ausstellte, mag manch ein Bewohner der Stadt angesichts der nun einzurichtenden „Preussischen Rhein-Universität" auch an die akademische Vergangenheit Bonns gedacht haben. 1786 erhob der letzte Kurfürst Max Franz die von seinem Vorgänger Max Friedrich ins Leben gerufene und nach ihm benannte „Maxische Akademie" zur Universität. Im Gegensatz zum Jahre 1818, wo man auf die Einweihungsfeier verzichtete und gleich mit der Arbeit begann, gab es im November 1786 ein dreitägiges Fest. Schon nach kurzer Zeit war die neue Universität, die über eine recht beträchtliche Bibliothek verfügte und an der einige berühmte Professoren – etwa der Chemiker Wurzer und der Chirurg Rougemont – lehrten, bekannt und angesehen. Joseph Görres plante, an ihr zu studieren, und Clemens Brentano hat die erste Bonner Universität 1793 kurz besucht.

In den Ruf, ein berüchtigtes Aufklärungszentrum zu sein, geriet die Hochschule, die von Anfang an den überkritischen Blicken der katholischen Kirche ausgesetzt war, durch den Professor für Schöne Wissenschaften Eulogius Schneider. Die wilden, aufrührerischen Veröffentlichungen des abtrünnigen Franziskaners stießen beim Kurfürsten und bei den Verantwortlichen der Universität auf wenig Gegenliebe. Eulogius Schneider floh 1791 nach Straßburg, beteiligte sich aktiv an der revolutionären französischen Politik und wurde 1794 mit der Guillotine hingerichtet.

Hupperich Esser Schneider Schmitz 9 50

Wir Rector und Senat der Königlich
Preußischen Rheinischen Friedrich-Wilhelms Univer-
sität zu Bonn beurkunden durch dieses Abgangs-Zeugniß, daß

Herr *Carl Heinrich Marx*

geboren zu *Trier*

Sohn *des Hr. Justizraths Marx daselbst*

zu den academischen Studien *nach dem Gymnasium zu*

Trier

vorbereitet auf den Grund *des selbst . . . Zeugnisses der*

. . . gedachten Gymnasii

am *17 October 1835* bei uns immatriculirt

worden ist, sich seitdem bis *Jetzo*

als Studirender hier aufgehalten und sich *der Rechts-*

Wissenschaft

beflissen hat.

Während dieses Aufenthalts hat derselbe bei unserer Universität nach den vorgelegten Zeugnissen die nachstehend verzeichneten Vorlesungen gehört:

(. . .)

86

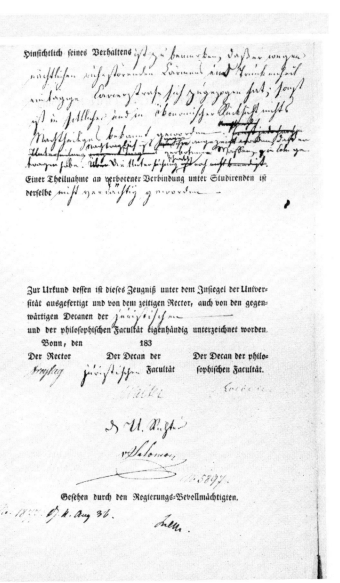

Hinsichtlich seines Verhaltens *[handschriftlich]*

[handschriftlicher Text, teilweise durchgestrichen]

Einer Theilnahme an verbotener Verbindung unter Studirenden ist derselbe *[nicht verdächtig geworden]* —

Zur Urkund dessen ist dieses Zeugniß unter dem Insiegel der Univer=sität ausgefertigt und von dem zeitigen Rector, auch von den gegen=wärtigen Decanen der *[juristischen]* und der philosophischen Facultät eigenhändig unterzeichnet worden.

Bonn, den 183

Der Rector   Der Decan der   Der Decan der philo=
              [juristischen] Facultät   sophischen Facultät.

Gesehen durch den Regierungs=Bevollmächtigten.

Exmatrikel Karl Marx' aus dem Jahre 1836.

Im selben Jahr, 1794, kamen auch französische Truppen nach Bonn, 1798 wurde die erste Bonner Universität aufgelöst; sie hatte nur eine sehr kurze, aber sehr bewegte Zeit erlebt.

Die Anfangsjahre der „Preussischen Rhein-Universität" waren ebenfalls stürmisch, wurden jedoch überstanden. Die „Rheinische Friedrich-Wilhelms-Universität", wie sie seit 1828 heißt, gehört heute zu den besuchtesten und angesehensten Hochschulen der Bundesrepublik Deutschland.

Bei unserem literarhistorischen Interesse liegt es nahe, sich ausführlicher mit den Professoren und Studenten der zweiten Bonner Universität zu befassen, die Schriftsteller waren oder sich als Autoren zu Bonn geäußert haben.

Schon in den ersten Semestern finden wir unter den Studenten Heinrich Hoffmann von Fallersleben in der philosophischen Fakultät und Heinrich Heine unter den Juristen. In den dreißiger Jahren studierten Emanuel Geibel, Karl Marx, der wegen nächtlicher Ruhestörung sogar einmal in den Karzer mußte, in Bonn, Friedrich Spielhagen, Paul Heyse und Jacob Burckhardt waren in den vierziger Jahren an der Bonner Universität immatrikuliert. Wilhelm Junkmann weilte gleich zweimal an der Rheinischen Friedrich-Wilhelms-Universität: 1830/31 zum Studium und 1844 bis 47, um zu promovieren; und Friedrich Nietzsche hörte hier 1864/65 evangelische Theologie und Philosophie.

Die Stadt und die sie umgebende Landschaft behagte allen diesen illustren Studenten sehr, sie fühlten sich ausgesprochen wohl. Nur Friedrich Spielhagen konnte sein geliebtes Stralsund im Rheinland nicht vergessen und war Bonn gram: „Ich hatte mir Wunderdinge von den Naturschönheiten, die meiner harrten, geträumt und fand mich enttäuscht. Der Strom, wie stolz und mächtig er vor dem Siebengebirge daher geflutet kam, er konnte mir mein heiliges Meer nicht ersetzen; die Uferlandschaft, nachdem der erste Reiz der Neuheit abgestumpft war, erschien mir in ihrer ewigen Wiederholung grüner Rebengelände, brauner Felsen, von denen verfallene Ritterburgen blickten, weißer Dörfer und Städtchen, die sich am Ufer hin in die Länge streckten, oder in einem Seitenthälchen aufwärts klettern, ermüdend bis zur positiven Langweiligkeit. . . Ja, sie war mir verhaßt, diese Stadt mit den nichtssagenden Häuserphysiognomien und den engen, übelriechenden Gassen. Es schien mir unmöglich, in diesem häßlichen Backsteinhaufen zu leben."

Paul Heyse hingegen fühlte, daß seine „Jugendlust . . . an den lachenden Rheinufern hell aufblühte" und verbrachte das Sommersemester 1849 mit Begeisterung „mehr in lustigen Streifzügen durch die herrliche Gegend und in den kleinen Weinkneipchen von Endenich, Kessenich und Rolandseck, als in den Hörsälen". Die landschaftlich reizvolle Lage Bonns verführte so manchen Besucher der Universität zum Bummeln.

Emanuel Geibel berichtete gleich nach seiner Ankunft im Mai 1835 der Mutter nicht nur von der gefundenen Wohnung beim Uhrmacher Hoffmann in der Sternstraße und deren Einrichtung, sondern auch von einem romantischen Ausflug am Abend auf die Godesburg: „Es war der genußreichste Abend, den ich bis jetzt gehabt und ich werde den Spaziergang gewiß bei nächster Gelegenheit wiederholen." Geibel, der ein äußerst fleißiger Student mit genauest geregeltem Tagesablauf war, zeigt dennoch in seinen Briefen eine starke Vorliebe für stimmungsvolle Bilder aus Bonn, der Fackelzug für den Rektor wird en detail beschrieben und über ein nächtliches Ständchen berichtet – eine Momentaufnahme aus dem Biedermeier: „Vor nicht gar langer Zeit hatte ich Gelegenheit bei einem Ständchen zugegen zu sein, das ein Student seiner Schönen brachte. Es war eine stille hellgestirnte Mitternacht, als die zwölf Sänger, lauter ausgesucht schöne Stimmen, sich leise unter das Fenster verfügten. Ein Tisch mit brennenden Kerzen ward mitten auf die Straße gestellt, von beiden Seiten durch eine dichte Reihe von Freunden vor jedem Andrang geschützt, und eine lange erwartungsvolle Pause trat ein. Kein Lüftchen regte sich, selbst die Lichtflammen schwankten kaum, das Athemholen der Umstehenden war vernehmbar. Da erhob der Dirigent den Arm, und tief und klangvoll strömte der vierstimmige Gesang empor in die Nacht, und die weichen Töne der Waldhörner flossen dazwischen, wie ein melodischer Geistergruß. So wurden sechs kleine Lieder gesungen; die Menge, worunter viele Landleute und Matrosen, stand horchend umher und wagte nicht durch ein Wörtchen die Musik zu stören, und als Alles vorbei war und die

Kerzen verloschen, ging man so leise und ruhig auseinander, wie man gekommen war."

Auch Heinrich Hoffmann von Fallersleben genoß das Idyllische Bonns, bei einem Abendspaziergang nach Poppelsdorf im Mai berauschte er sich geradezu an der landschaftlichen Schönheit: „Die Sonne ging eben unter, das Siebengebirge lag in seinem veilchenblauen Scheine neben uns; die hohen Kastanien, unter denen wir wandelten, blühten in voller Pracht. Ich wurde fast schwindelig von der zauberischen Aussicht. Wie schön ist die Gegend! rief ich aus, wäre doch das Leben auch so!" Hoffmann von Fallersleben bezog ein Zimmer in Poppelsdorf und war aufs höchste zufrieden: „Ich hatte mich nach ländlicher Einsamkeit und Ruhe gesehnt und fand beide hier. Unter dem von fern her hallenden Gebelle der Hunde und dem Gequake der Frösche schlief ich ein und mit dem Morgenrufe des Hahnes wachte ich auf. Es that mir wohl, die ersten Tage so für mich hinzuleben."

Von Jacob Burckhardt und Wilhelm Junkmann bei seinem zweiten Aufenthalt in Bonn wissen wir, daß sie – ebenso wie Geibel – dem Maikäferbund verbunden waren und dort glückliche Stunden erlebten. Auch Karl Simrock gehörte zu diesem Kreis. Er wurde 1818 als Jurastudent an der Universität seiner Geburtsstadt eingeschrieben, sollte aber 1850 als Extraordinarius und ab 1853 als erster Ordinarius für deutsche Sprache und Literatur an der Bonner Universität tätig werden. Die Liebe zu Bonn hielt ihn sogar davon ab, als Professor, dem ein beträchtliches Gehalt zugesichert wurde, nach München zu gehen.

Um auch das gesellige Leben zu genießen und etwas weltläufiger zu werden, entschloß sich Friedrich Nietzsche 1864 einer Burschenschaft beizutreten, als er sich nach dem Abschluß der Gymnasialzeit in Schulpforta auf der Bonner Universität immatrikulierte. Er erinnert sich: „Als ich nach sechsjährigem Aufenthalte der Schulpforte als einer strengen, aber nützlichen Lehrmeisterin Lebewohl gesagt hatte, ging ich nach Bonn. Hier wurde ich mit Erstaunen gewahr, wie gut unterrichtet und doch wie schlecht erzogen so ein Fürstenschüler auf die Universität kommt. Er hat eine Menge für sich gedacht, und jetzt fehlt ihm die Geschicklichkeit, diese Gedanken zu äußern. Er hat noch nichts von dem bildenden Einflusse der Frauen erfahren; aus Büchern und Überlieferungen glaubt er das Leben zu kennen, und das kommt ihm jetzt alles so fremdartig und unangenehm vor. So erging es mir in Bonn: nicht alle die Mittel, nach denen ich griff, um jene Übelstände zu beseitigen, mochten gut gewählt sein. . .".

Aus der Distanz klingt schon die Kritik an der Burschenschaft Frankonia an, der sich Nietzsche zunächst mit Leib und Seele verschrieben hatte, die er gegen die Bedenken der Mutter, die zu viel Vergnügen und zu wenig Studium aus den Briefen des Sohnes herauslas, verteidigte. Noch im ersten der sechs Vorträge „Über die Zukunft unserer Bildungs-Anstalten", den Nietzsche 1872 in Basel hielt, findet sich eine begeisterte Beschreibung eines mit der Burschenschaft unternommenen Ausflugs in die Umgebung Bonns: „Unsere Verbindung hatte für diesen Zeitpunkt eine große festliche Ausfahrt nach Rolandseck beschlossen, um am Schlusse des Sommerhalbjahrs sich noch einmal ihrer sämtlichen Mitglieder zu versichern und sie mit den besten Abschiedserinnerungen nachher in die Heimat zu schicken. Es war einer jener vollkommenen Tage, wie sie, in unserem Klima wenigstens, nur eben diese Spätsommerzeit zu erzeugen vermag: Himmel und Erde im Einklang ruhig nebeneinander hinströmend, wunderbar aus Sonnenwärme, Herbstfrische und blauer Unendlichkeit gemischt. Wir bestiegen in dem buntesten phantastischen Aufzuge, an dem sich, bei der Trübsinnigkeit aller sonstigen Trachten, allein noch der Student ergötzen darf, ein Dampfschiff, das zu unseren Ehren festlich bewimpelt war, und pflanzten unsere Verbindungsfahnen auf seinem Verdecke auf. . . Plötzlich erquikkende, atemlose Naturstille. Die Schatten lagen schon etwas breiter, die Sonne glühte unbeweglich, aber schon niedergesenkt, und von den grünlichen glitzernden Wellen des Rheines her wehte ein leichter Hauch. . .". Als Nietzsches verehrter Lehrer Friedrich Wilhelm Ritschl einem Ruf nach Leipzig folgte, ging Nietzsche jedoch nur allzugern mit. Das Leben in Bonn, besonders in der Burschenschaft und in der von ihr geforderten Anpassung, war ihm unerträglich geworden. Am 20. Oktober 1865 schickte er das Band mit den Farben der

Verbindung zurück und schrieb der Frankonia dazu einen deutlichen Brief: „Ich habe dem Convent der ‚Frankonia' anzuzeigen, daß ich hiermit durch die Einsendung meines Bandes meinen Austritt erkläre. Ich höre damit nicht auf, die Idee der Burschenschaft überhaupt hochzuschätzen. Nur das will ich offen eingestehen, daß mir ihre gegenwärtige Erscheinungsform wenig behagt. Dies mag zum Teil an mir liegen. Es ist mir schwer geworden, ein Jahr hindurch in der Frankonia auszuhalten. Ich habe es aber für meine Pflicht gehalten, sie kennen zu lernen. Jetzt halten mich keine engeren Bande mehr mit ihr zusammen, darum sage ich ihr Lebewohl. Möge die Frankonia recht bald das Entwicklungsstadium überstehen, in dem sie sich jetzt befindet. Möge sie immer nur Mitglieder von tüchtiger Gesinnung und guter Sitte zählen."

Zu Zeiten Nietzsches galt es in Bonn als nichts Außergewöhnliches mehr, einer Burschenschaft oder gar einer schlagenden Verbindung anzugehören, es haftete der Mitgliedschaft nichts Anrüchiges oder gar Gefährliches an – wie es noch zu Beginn der „Preussischen Rhein-Universität" gewesen war. Als Heine 1819 nach sehr mäßig bestandener Aufnahmeprüfung die Bonner Universität als Jurastudent bezog, galten Studenten – und Burschenschafter ganz besonders – als potentielle Revoluzzer und Mörder, hatte doch der Jenaer Theologiestudent Karl Ludwig Sand, Mitglied einer Burschenschaft, am 23. März 1819 August von Kotzebue erdolcht! Von da an waren alle studentischen öffentlichen Aktivitäten höchst verdächtig. Als z. B. am 18. Oktober 1819 Studenten der Bonner Universität, unter ihnen Heine, den sechsten Jahrestag der Völkerschlacht bei Leipzig feierten, kam es zu einer Vernehmung von Teilnehmern durch den Universitätsrichter. Heine wurde auch vernommen, verstand es aber, sich mit ironischen Antworten aus der Affäre zu ziehen. Der Abschlußbericht des Protokolls kommt zu einem für die Betroffenen positiven Ergebnis: „Die Feier des 18. Oktober ist auf eine durchaus würdige, dem Feste angemessene Weise von unseren Studierenden veranstaltet gewesen; nicht einmal der Vorwurf der Unbesonnenheit kann ihnen gemacht, wohl aber das Lob eines männlichen, würdigen Benehmens erteilt werden." In für ihn typischer Weise hat Heine dann die

denkwürdige Nacht auf dem Drachenfels in einem Sonett
besungen:

Um Mitternacht war schon die Burg erstiegen,
Der Holzstoß flammte auf am Fuß der Mauern,
Und wie die Burschen lustig niederkauern,
Erscholl das Lied von Deutschlands heil'gen Siegen.

Wir tranken Deutschlands Wohl aus Rheinweinkrügen,
Wir sah'n den Burggeist auf dem Turme lauern,
Viel dunkle Ritterschaften uns umschauern,
Viel Nebelfrau'n an uns vorüberfliegen.

Und aus den Türmen steigt ein tiefes Ächzen,
Es klirrt und rasselt, und die Eulen krächzen,
Dazwischen heult des Nordsturms Wutgebrause.

Sieh nun, mein Freund! So eine Nacht durchwacht' ich
Auf hohem Drachenfels, doch leider bracht' ich
Den Schnupfen und den Husten mit nach Hause.

Eigentlich war Heine nach Bonn gekommen, um Jura zu
studieren, doch fand man ihn häufiger in den Vorlesungen
Schlegels und Arndts. August Wilhelm von Schlegel, seit 1818
als Professor für Literatur und Kunstgeschichte in Bonn,
beeindruckte den jungen Heine, der später grausam über den
Romantiker spotten sollte, zutiefst. Heine erinnert sich – ein
wenig mokant und ironisch – an seine damalige Begeisterung:
„Wie angenehm verwundert war ich daher Anno 1819, als ich,
ein ganz junger Mensch, die Universität Bonn besuchte, und
dort die Ehre hatte, den Herrn Dichter A. W. Schlegel, das
poetische Genie, von Angesicht zu Angesicht zu sehen. Es war,
mit Ausnahme des Napoleon, der erste große Mann den ich
damals gesehen, und ich werde nie diesen erhabenen Anblick
vergessen. Noch heute fühle ich den heiligen Schauer, der durch
meine Seele zog, wenn ich vor seinem Katheder stand und ihn
sprechen hörte. Ich trug damals einen weißen Flauschrock, eine
rote Mütze, lange blonde Haare und keine Handschuhe. Herr
A. W. Schlegel trug aber Glaceehandschuh und war noch ganz

nach der neuesten Pariser Mode gekleidet; er war noch ganz parfümiert von guter Gesellschaft und eau de mille fleurs; er war die Zierlichkeit und die Eleganz selbst, und wenn er vom Großkanzler von England sprach, setzte er hinzu ‚mein Freund‘, und neben ihm stand sein Bedienter in der freiherrlichst Schlegelschen Hauslivree, und putzte die Wachslichter, die auf silbernen Armleuchtern brannten, und nebst einem Glase Zuckerwasser vor dem Wundermanne auf dem Katheder standen. Livreebedienter! Wachslichter! silberne Armleuchter! mein Freund der Großkanzler von England! Glaceehandschuh! Zuckerwasser! welche unerhörte Dinge im Kollegium eines deutschen Professors! Dieser Glanz blendete uns junge Leute nicht wenig, und mich besonders, und ich machte auf Herren (sic) Schlegel damals drei Oden, wovon jede anfing mit den Worten: O du, der du, usw. Aber nur in der Poesie hätte ich es gewagt, einen so vornehmen Mann zu duzen. Sein Äußeres gab ihm wirklich eine gewisse Vornehmheit. Auf seinem dünnen Köpfchen glänzten nur noch wenige silberne Härchen, und sein Leib war so dünn, so abgezehrt, so durchsichtig, daß er ganz Geist zu sein schien, daß er fast aussah wie ein Sinnbild des Spiritualismus.“

Die übertriebene Eleganz der Kleidung, die Aura des Vornehmen, die August Wilhelm von Schlegel so sehr betonte, machten ihn in Bonn zu einer Gestalt, über die sich verwundert und über die gelächelt wurde. Seine wissenschaftlichen Verdienste jedoch wurden anerkannt und gebührend geschätzt. Er sorgte für die Einrichtung eines indologischen Instituts, gab seit 1820 die erste orientalische Zeitschrift Deutschlands, die „Indische Bibliothek“, heraus, arbeitete an seinen Übersetzungen, las über klassische, spanische, deutsche, französische, italienische und portugiesische Literatur, über römische Geschichte – entfaltete ein schier enzyklopädisches Wissen vor seinen Hörern. Schlegel war sich seiner Bedeutung für die Bonner Universität bewußt, sah aber auch die Vorteile dieser relativ kleinen Hochschule für einen Gelehrten von seiner Art, wie sein Brief vom 15. Mai 1822 an das preußische Unterrichtsministerium, das Schlegel wieder einmal gerne nach Berlin geholt hätte, zeigt: „Nach dem Ausdrucke meines aufrichtigen Dankes für die

Gnade des Kgl. Ministeriums, meiner persönlichen Neigung bey einer Sache Gehör verleihen zu wollen, worin ich, laut des mir anfänglich zu Theil gewordenen Rufes, verpflichtet wäre, unbedingt der Entscheidung Hochdesselben Folge zu leisten, sey es mir vergönnt, zu erklären, daß ich wünsche, mit Verzichtleistung auf die glänzenden Vortheile, welche mit meiner Amtsführung in Berlin ohne Zweifel verknüpft seyn würden, in dem hiesigen Wirkungskreise zu verbleiben; und zwar aus folgenden Gründen:

1. Eine beynahe vierjährige Erfahrung hat mich überzeugt, daß ich an der Kgl. Rhein-Universität mit einigem Nutzen lehren kann. Auch solche Vorlesungen, welche nicht zu den unentbehrlichen in irgend einer Facultät gehören, namentlich die, welche die Deutsche Sprache und Litteratur betrafen, sind mit Theilnahme angehört worden . . . 3. Wiewohl ich im Ganzen einer guten Gesundheit genieße, so bin ich doch in den Jahren, wo man das Bedürfniß einer ruhigen, mäßigen und genau geordneten Lebensweise spürt. Diese läßt sich leichter in der Stille und Eingezogenheit einer kleinen Stadt beobachten, als unter den geselligen Annehmlichkeiten der Hauptstadt, denen mich ganz zu entziehen, ein für meine Gesundheit und meine Arbeiten unerläßlicher, aber schwer durchzuführender Entschluß seyn möchte.

4. Die Fortdauer meines Aufenthaltes in Bonn wird für die unternommene Förderung des Studiums der Indischen Sprache und Litteratur vortheilhafter seyn, weil ich von hier aus ohne einen außerordentlichen Urlaub, während der Ferien, mich in wenigen Tagen nach Paris oder London verfügen kann, um die handschriftlichen Vorräthe zu besichtigen und mich mit den dortigen Gelehrten zu besprechen, welches von Berlin aus wegen der weiten Entfernung unmöglich fallen würde."

August Wilhelm von Schlegel ist bis zu seinem Tode 1845 in Bonn geblieben und hat nur kurzzeitig, 1819/20 während der politischen Verfolgungen einiger Studenten und Hochschullehrer, daran gedacht, die Stadt zu verlassen, denn die Übergriffe der Polizei und die erhobenen Vorwürfe gingen selbst dem konservativen Romantiker zu weit.

Einer der Hauptbetroffenen der sogenannten „Demagogenverfolgung" war der zweite Schriftsteller unter Bonns Professoren, Ernst Moritz Arndt, der sich – seit 1817 in Bonn ansässig – sehr für die Errichtung der „Preussischen Rhein-Universität" eingesetzt hatte. 1818 zum Professor für neuere Geschichte ernannt, war er den Behörden in Berlin noch im selben Jahr durch die Veröffentlichung des vierten Teils seines Werkes „Geist der Zeit", der mit dem Wiener Kongreß und seinen Folgen ins Gericht ging, unangenehm aufgefallen. In der allgemeinen Hysterie nach der Ermordung Kotzebues war Arndt ein willkommenes Opfer. 1819 wurde er verhaftet, sein Haus durchsucht, und alle seine Papiere galten als beschlagnahmt, 1820 folgte die Suspendierung, 1826 die Amtsenthebung als Professor. Es kam niemals zu einem ordentlichen Prozeß, aber auch niemals zu einem Freispruch. Treue Freunde, allen voran der Freiherr vom Stein, hielten zu ihm und unterstützten Arndt und seine zahlreiche Familie auch finanziell, Rektor und Senat der Universität stellten sich vor ihren Professor – doch er durfte zwei Jahrzehnte lang nicht unterrichten, worunter er am meisten litt. Erst Friedrich Wilhelm IV. setzte Arndt 1840 wieder in sein Amt ein, für das akademische Jahr 1840/41 wählte ihn die Universität zum Rektor. Nur eine Gegenstimme gab es, die von August Wilhelm von Schlegel – die persönliche Animosität zwischen den beiden Größen war unüberwindlich.

Bis zu seinem 85. Lebensjahr (1854) hat Arndt Vorlesungen und Seminare gehalten. 1848 ist er noch einmal, zusammen mit Kinkel, auf der politischen Bühne in Bonn erschienen, die Abgeordneten der Paulskirche wählten ihn zu ihrem Alterspräsidenten. Sein 90. Geburtstag wurde großartig gefeiert; kurz danach, am 29. Januar 1860, ist er in Bonn, das ihm für viele Jahre geliebte Heimat war, gestorben.

Für den literarisch Interessierten ist dann, etliche Jahre später, um die Jahrhundertwende, der Germanistikprofessor Berthold Litzmann von Bedeutung, der nicht nur den jungen Wilhelm Schmidtbonn tatkräftig unterstützte, sondern auch eine literarhistorische Gesellschaft 1895 gründete, der zeitweilig, neben den Schülern Litzmanns, sogar u. a. Hugo von Hofmannsthal, Otto Julius Bierbaum, Hermann Hesse, Ricarda Huch, Georg Brandes, Thomas Mann, Hermann

1 Blick vom Alten Zoll auf das Siebengebirge (Stich von Peter Beckenkamp, 1791).

2 Blick vom Kreuzberg auf Bonn (Stich von Christian Jacob Beer, um 1820).

3 Die Heilige Stiege auf dem Kreuzberg (Stich von Bernhard Helferich Hundeshagen, 1832).

4 Bild links: Grabstein Adele Schopenhauers auf dem Alten Friedhof in Bonn.

5 Bild unten links: Annette von Droste-Hülshoff.

6 Bild unten rechts: Charlotte von Schiller.

CLEMENS AUGUST.
Erh-Bischof zu Cölln, ꝛc.
des Heil. Röm. Reichs durch
Italien Erh-Cantzler und Churfürst

7 *Kurfürst Clemens August.*

8 + 9 *„Bönnsches Ballstück". Die beiden Gemälde von François Rousseau stammen aus dem Jahre 1754. Das obere Bild zeigt den Blick auf die kurfürstliche Loge, die Blickrichtung des unteren geht auf die Bühne.*

10 Kirmes in Poppelsdorf. Das Gemälde stammt vermutlich von François Rousseau.

11 Gustav Friedrich Wilhelm
Großmann.

12 Karoline Sophie Auguste
Großmann.

13 Bild oben links: Titelblatt
   des Hofkalenders für das
   Jahr 1786, der von Johann
   Philipp Nerius Maria Vogel herausgegeben wurde.

14 Bild oben rechts: Titelblatt
   der Bonner Ausgabe des
   Großmannschen Erfolgs-
   stückes. Der Drucker ist
   Johann Friedrich Abs-
   hoven.

15 Bild links: Statuten der Lesegesellschaft, ebenfalls bei
   Abshoven gedruckt.

16 Das Domizil der „Lese" Am Hof.

17 Das Gebäude der „Lese" an der Koblenzer Straße, der heutigen Adenauerallee. Es wurde im Oktober 1944 bei dem großen Luftangriff auf Bonn zerstört.

18 Sibylla
Mertens-Schaaffhausen.

19 Der Auerhof in Plittersdorf, den Sibylla Mertens-Schaaffhausen von ihrem
Vater erbte und 1844 verkaufte. Nach wechselnden Besitzern erwarb 1882
Adolf von Carstanjen das Schloß. 1941 ging Haus Carstanjen, wie man es
heute noch nennt, in Reichs- bzw. Staatsbesitz über, beherbergte ab dieser Zeit
verschiedene Ämter und Ministerien, bis sich 1969 dort drei Abteilungen des
Finanzministeriums einrichteten.

20 + 21 *Grabstein und Gedenktafel der Sibylla Mertens-Schaaffhausen auf dem Campo Teutonico in Rom.*

22 Johanna und Gottfried Kinkel.

23 *Schloß Clemensruhe, das heutige Poppelsdorfer Schloß. Hier bewohnten Johanna und Gottfried Kinkel nach ihrer Eheschließung einige Räume.*

24 *Enthüllung des Kinkel-Denkmals in Oberkassel am 29. 6. 1906.*

25 *August Wilhelm von Schlegel.*

26 *Blick auf die Universität und die Alte Anatomie.*

27 Ernst Moritz Arndt.

28 Das Wohnhaus Ernst Moritz Arndts, heute Adenauerallee 79. Das Arndt-
Haus dient als Museum, beherbergt Erinnerungsstücke an Arndt, eine
Sammlung romantischer Rheinansichten und alter Ansichten von Bonn.

29 *Friedrich Nietzsche als Zwanzigjähriger.*

30 *Corpsstudenten beim Schlagen der Mensur.*

31 Grabstein Karl und Gertrud Simrocks auf dem Alten Friedhof in Bonn.

32 Heinrich Heine.

33 Bücherverbrennung auf dem Bonner Marktplatz am 10. Mai 1933.

34 Der junge Luigi Pirandello.

35 Jenny Schulz-Lander, Pirandellos Bonner Geliebte, im Dornröschenkostüm.

36 *Luigi Pirandello (1. v. l.) mit Studenten und Professoren im Kreis um Wendelin Förster (2. v. r.).*

37 *Blick auf den Kaiserplatz. Luigi Pirandello wohnte im Eckhaus Kaiserplatz/ Ecke Neutor.*

38 *Friedrich Gottlieb Welcker.*   39 *Friedrich Ritschl.*

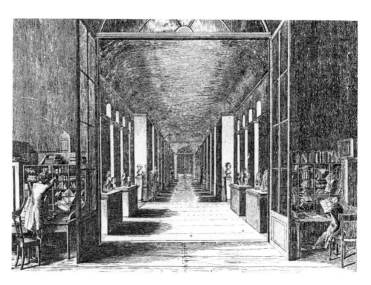

40 *Die Bonner Universitätsbibliothek im Galerieflügel des Schlosses (Stich vermutlich von Aimé Henry, 1839).*

41 *Brand des Schlosses 1777.*

42 *Bonner Marktplatz mit dem Rathaus nach der Zerstörung 1944.*

43 Friedrich Cohen, Inhaber der Buch- und Kunsthandlung Cohen
von 1863 bis 1903.

44 *Innenansicht der Verkaufsräume der Buchhandlung Friedrich Cohen.*

45 *Die Geschäftsräume der Buchhandlung Friedrich Cohen Am Hof 30.*

46 *Emil Strauß, Verleger und Buch-*
händler.

47 *Der Lesesaal der Buchhandlung*
Ludwig Röhrscheid.

48 *Die Geschäftsräume der Buchhandlung Ludwig Röhrscheid Am Hof 28 /*
Ecke Fürstenstraße.

49 *Bild links: Die Geschäftsräume der Buchhandlung Mathias Lempertz, Fürstenstraße.*

50 *Bild unten: Der Martinsplatz mit der Buchhandlung Hermann Behrendt.*

51 Die Geschäftsräume der Gilde-Buchhandlung neben dem Bonner Münster.

52 Die Gilde-Buchhandlung nach der Zerstörung 1944.

53 *Wilhelm Schmidtbonn mit seiner Frau Liesl.*

54 Bild links: Tilla Durieux und Paul Wegener als Gräfin und Graf von Gleichen.

55 Bild unten: Bonner Stadtsoldaten in ihrer Wachstube.

56 *Bild oben: Der Bonner Marktplatz 1908.*

57 *Bild rechts: Die Gaststätte „Em Höttche", das ehemalige Gasthaus „Zur Blomen".*

58 Hochwasser, April 1983.

59 *Blick auf Parlament, Abgeordnetenhochhaus („Langer Eugen") und das Siebengebirge.*

60 *Bonn im Dunst.*

61 „Literarische Streifzüge um Bonn" – Bonn vom Nordwesten her gesehen, dahinter das
Siebengebirge, links die alte Stiftskirche, rechts das Münster (Lithographie von 1837).

Sudermann angehörten. Man traf sich in Litzmanns Wohnung und bei Vortragsveranstaltungen des Vereins im Kunstsalon Cohen. Von 1905 an war diese Veranstaltung nicht mehr an den universitären Lehrbetrieb gebunden. Litzmanns Assistent Carl Enders, später Professor der Germanistik in Bonn, hat die Gesellschaft bis zu ihrer Auflösung im Jahre 1921 als Sekretär betreut. Besonders hat er sich um die „Mitteilungen" gekümmert, die im Verlag Cohen erschienen.

Abschließend muß an den 10. Mai 1933 erinnert werden, an dem auch in Bonn die Bücher brannten und der Germanist Hans Naumann sich zu einer Rede „wider den undeutschen Geist" verstieg: „So verbrenne denn, akademische Jugend deutscher Nation, heute zur mitternächtigen Stunde an allen Universitäten des Reichs, – verbrenne, was du gewiß bisher nicht angebetet hast, aber was doch auch dich wie uns alle verführen konnte und bedrohte. . . Wir greifen in unsere Herzen, wie wir in unsere Schränke gegriffen haben und werfen in die Flammen das Allzumenschliche. . . Wir wollen ein Schrifttum, dem Familie und Heimat, Volk und Blut, das ganze Dasein der frommen Bindungen wieder heilig ist. . . Das Heilige wollen wir und das Heroische. Kühnheit wollen wir und Geist, so ist es germanische, so ist es deutsche Art. . . Deutsche Kunst kommt aus irrationaleren Gründen. Kommt aus den Tiefen des Parzival und des Faust. Und gerade dem, was aus diesen Abgründen und Tiefen sich naht, sollen die Tore aufs neue geöffnet sein. . .Wir rufen nach dem neuen künstlerischen Geist der völkischen Aktivität. Heil denn also dem neuen deutschen Schrifttum! Heil dem obersten Führer! Heil Deutschland!"

Jüdische Professoren und Dozenten und Lehrende mit mißliebiger Gesinnung wurden entlassen, Thomas Mann die Ehrendoktorwürde aberkannt. Mit Schreiben vom 19. Dezember 1936 teilte der Dekan der philosophischen Fakultät dem Schriftsteller mit: „Im Einverständnis mit dem Herrn Rektor der Universität Bonn muß ich Ihnen mitteilen, daß die Philosophische Fakultät sich nach Ihrer Ausbürgerung genötigt gesehen hat, Sie aus der Liste ihrer Ehrendoktoren zu streichen. Ihr Recht, diesen Titel zu führen ist gemäß § VIII unserer Promotionsordnung erloschen. Obenauer, Dekan".

Thomas Mann antwortete am 1. Januar 1937 in einem ausführlichen Schreiben, das hier nur ausschnittweise zitiert werden kann: „Die schwere Mitschuld an allem gegenwärtigen Unglück, welche die deutschen Universitäten auf sich geladen haben, indem sie aus schrecklichem Mißverstehen der historischen Stunde sich zum Nährboden der verworfenen Mächte machten, die Deutschland moralisch, kulturell und wirtschaftlich verwüsten, – diese Mitschuld hatte mir die Freude an der mir einst verliehenen akademischen Würde längst verleidet und auch gehindert, noch irgendwelchen Gebrauch davon zu machen. . . Ach, nicht aus dreister Überheblichkeit habe ich gesprochen, sondern aus einer Sorge und Qual, von welcher Ihre Machtergreifer mich nicht entbinden konnten, als sie verfügten, ich sei kein Deutscher mehr; einer Seelen- und Gedankennot, von der seit vier Jahren nicht eine Stunde meines Lebens frei gewesen ist und gegen die ich meine künstlerische Arbeit tagtäglich durchzusetzen hatte. Die Drangsal ist groß. . . Gott helfe unserem verdüsterten und mißbrauchten Lande und lehre es, seinen Frieden zu machen mit der Welt und mit sich selbst!"

Am 18. Oktober 1944 wurde in Bonn auch das Hauptgebäude der Universität erheblich zerstört, doch bereits im November 1945 begann man – in provisorischen Unterkünften – wieder mit dem Vorlesungsbetrieb. „Es ist . . . festzustellen, daß der Verlust an wirklich tüchtigen Wissenschaftlern, der durch die von der Besatzungsmacht angeordnete ‚Entnazifizierung' eintrat, kaum so groß war wie vordem bei dem Vorgehen der Nationalsozialisten gegen Juden und politische Gegner", schreibt Max Braubach in seinem Bändchen „Kleine Geschichte der Universität Bonn".

Bonn steht heute, da es Prestigeuniversitäten nicht mehr gibt, anerkannt unter den bundesrepublikanischen Hochschulen, von ‚klein' und ‚provinziell' kann nicht mehr die Rede sein. Geblieben ist der Universität als unschätzbarer Vorteil – trotz aller im Laufe der Jahrzehnte eingetretenen Veränderungen – die Lage in einer überaus reizvollen landschaftlichen Umgebung.

Ein Sizilianer in Bonn

Luigi Pirandello als Student

Von 1889 bis 1891 studierte der italienische Dichter und spätere Nobelpreisträger für Literatur, Luigi Pirandello, an der Universität Bonn. Geboren 1867 in einem Landhaus zwischen Porto Empedocle und Agrigent auf Sizilien, hatte er bereits an der Universität Palermo mit dem Studium der Jurisprudenz begonnen. Es war schwer, den Vater, einen damals noch wohlhabenden Schwefelgrubenbesitzer, davon zu überzeugen, daß die Rechtswissenschaft nicht das geeignete Studienfach für Pirandello sei, doch wurde ihm schließlich gestattet, Literatur an der Universität Rom zu studieren.

Pirandello lernte bei dem Philologen Ernesto Monaci, der ihm auch beistand, als es im Kolleg des Latinisten Onorato Occioni zu einem Eklat kam, der mit Pirandellos Relegation von der Universität Rom endete. Occioni hatte sich beim Übersetzen des Plautus vertan, und ein junger Priester, der neben Pirandello in der ersten Reihe saß, und der Sizilianer selbst, die es bemerkt hatten, stießen einander mit dem Ellbogen an. Occioni sah das Grinsen des Priesters und fuhr den jungen Mann, ohne daß der Grund für die studentische Zuhörerschaft ersichtlich war, grob an. Pirandello informierte daraufhin alle anwesenden Studenten vernehmlich über die wahren Hintergründe des Vorfalls und verließ den Hörsaal. Das Verbot, die Universität Rom weiter zu besuchen, folgte auf dem Fuße, denn Rektor Occioni versicherte sich sofort der Unterstützung seiner Fachkollegen bei dieser Disziplinarmaßnahme.

Ernesto Monaci versorgte Luigi Pirandello mit einem Empfehlungsschreiben an seinen Bonner Freund Wendelin Förster, Professor für romanische Philologie und Nachfolger des berühmten Friedrich Diez auf dessen Lehrstuhl der rheinischen Universität. Pirandello schwankte, ob er nicht doch nach Berlin gehen solle, zog aber schließlich die kleine ehemalige Residenzstadt am Rhein vor. Nach einem Aufenthalt bei Verwandten in Como, traf Pirandello im Oktober 1889 in Bonn ein und stieg im „Hotel zum Münster" ab.

Die Aufnahme in Bonn bei Professor Förster war äußerst freundlich. Pirandello erhielt private Einladungen in das Haus des Professors, über die sein Biograph Nardelli, der eine von Pirandello autorisierte Biographie geschrieben hat, berichtet: „Er traf pünktlich bei der sympathischen Familie ein, wo die Söhne die Tracht des Schülervereins trugen. Die Tischgesellschaft war ausgezeichnet: der Vater, die Mutter, zwei Söhne, zwei Töchter und der Gast. In der Herrichtung der Tafel waren der Vater und der Gast bevorzugt: nur vor ihnen beiden war für Wein gedeckt. Die anderen tranken Bier. Aber der Hausherr

Widmung Luigi Pirandellos an Wendelin Förster in seiner Übersetzung der „Römischen Elegien" von Goethe.

spendete seiner Frau ein halbes Glas Wein, zum Zeichen der Achtung."

Wendelin Förster wurde Pirandellos Doktorvater, der ihn beriet bei seiner schon 1891 in Halle an der Saale publizierten Arbeit „Laute und Lautentwickelung der Mundart von Girgenti" und dem die Dissertation „in dankbarer Verehrung" auch gewidmet ist. Mit Hilfe einer Sammlung von Volksliedern, Gelegenheitsdichtungen und Erzählungen seiner Heimat hatte sich Pirandello zum Ziel gesetzt, die Doktorarbeit des Romanisten Heinrich Schneegans über sizilianische Dialekte durch eine Spezialuntersuchung zu ergänzen bzw. zu korrigieren. Förster war es auch, der Luigi einen Arzt vermittelte, als eine Herzinnenwandentzündung seine Gesundheit stark erschütterte. Er möge von den Büchern lassen und viel spazierengehen, wurde ihm als Medizin verordnet.

Diesem Rat ist Pirandello offensichtlich gefolgt, denn er berichtet von seinen Eindrücken auf einem Spaziergang nach Kessenich, Impressionen, die 1938 in einem Almanach des Verlagshauses Bompiani veröffentlicht wurden: „Ich kann nicht behaupten, die vergangene Nacht ruhig verbracht zu haben, aber heute ging es mir den ganzen Tag sehr gut, und ich habe das Leben so genossen, wie ich seit einiger Zeit glaubte, es nicht mehr genießen zu können.

Gestern Plittersdorf, heute Kessenich, auch das ein Dorf nicht weit von Bonn entfernt. Ich muß überhaupt feststellen, daß die Rheingegend von unzähligen kleinen und dunklen Dörfern und Weilern übersät ist, die um die verschiedenen Städte dieses schönen deutschen Landstrichs wie kleine Satelliten kreisen. Dort führt man ein einfaches Leben mit immer gleichem Tagesablauf, und der tiefe Friede der einzelnen Felder erstreckt sich auch auf die zusammengewürfelten ärmlichen Häuser.

Um fünf Uhr morgens wurde ich plötzlich von dem großen Krach geweckt, den einer der schweren Karren verursachte, die vom Land Ladungen von Obst und Gemüse aller Art bringen. Er rumpelte und bei der Ruhe der noch schlafenden Stadt versetzte das Donnern der großen Räder auf dem Pflaster meinen erst seit kurzem beruhigten Nerven einen solchen Stoß, daß ich aus dem Bett springen mußte, so schlug mir das Herz und fehlte mir der Atem."

Pirandello wartete an diesem Morgen, während er die Autobiographie Benvenuto Cellinis las, gemeinsam mit seinem Hund Mob auf das Anbrechen des Tages. Er fährt fort: „Ich begab mich auf den Weg, als es noch nicht hell war. Alle Straßen Bonns waren leer. Ich ging über den Kaiserplatz, auf dem die Laternen nur noch ein schwaches Licht abgaben, während die hohe schmale Spitze der gotischen Kirche, der Evangelischen Kirche, sich am ersten frischen Morgenlicht erfreute und die Platanen und Ulmen des Hofgartens ihren traurigen Winterschlaf hielten. Ich überquerte die Eisenbahn und dann einen Teil der Allee, die am zoologischen Museum vorbeiführt. Ich ging sehr beschwingt, die reine Luft und die frische Morgenbrise belebten meine Sinne und verliehen mir Schwung und Leichtigkeit, die mich beglückten. Während der Nächte verzweifle ich immer, aber jeden Morgen betrüge ich mich aufs neue mit der Vorstellung, daß diese langen Spaziergänge, die mich der Natur nahebringen, mich vielleicht gesunden lassen."

Pirandello schreibt schließlich über geographische Einzelheiten: „Ich kam am Eisclub vorbei, dem großen Eislaufplatz, und nun bot sich vor meinen Augen das weitläufige Panorama der Hügel und der breiten Ebene, besät mit den Dörfern um Bonn, dar. Ein wenig mehr links, etwas weiter entfernt, sah ich das berühmte Siebengebirge hinter einem Nebelschleier: Drachenfels, Wolkenburg, Löwenburg, Petersberg, Nonnenstromberg, Oelberg, Lohrberg (Pirandello schreibt ‚Lahberg'), man konnte sie gut unterscheiden. Ich nahm die Straße, die nach Kessenich führt, und der Venusberg lag vor mir, bedeckt vom dunklen Grün seiner hohen Bäume, und da er sich sanft in die Ebene erstreckt, schien er mich zum Besteigen einzuladen. Je mehr ich voranschritt, desto deutlicher schaute hinter ihm ein anderer Berg hervor, der neben ihm liegt und Kreuzberg heißt (merkwürdig, Kreuzberg, das Kreuz der Venus benachbart)."

Ganz von den Büchern zu lassen, konnt sich Luigi Pirandello schon deshalb nicht erlauben, weil er zunächst einmal gezwungen war, seine Deutschkenntnisse soweit zu vervollkommnen, daß er den Kollegs der Professoren folgen konnte, etwa dem des bekannten Latinisten Bücheler. Es scheint so, daß Pirandello, der zudem wegen seiner Krankheit noch zweimal im Verlaufe

102

seines dreisemestrigen Aufenthaltes in Bonn nach Sizilien reiste, um sich dort mehrere Wochen lang zu erholen, zunächst einmal die Sprache des Gastlandes lernte, was ihn dann vermutlich noch nicht dazu befähigt haben wird, das Bönnsch der Straße zu verstehen.

Mit einem Restaurator aus Murano, einem gewissen Giovanni Sambo, der im Münster die Deckenmosaiken restaurierte, hatte sich Pirandello angefreundet und folgte dem Venezianer auf das Gerüst in der Kirche, wo er angesichts eines überdimensionalen Christuskopfes Muße fand, sich den Büchern hinzugeben.

Eine weitere Bekanntschaft jener Tage, die mit dem Iren William Henry Madden, führte dazu, daß Pirandello bald aus dem Hotel am Münsterplatz, das ihm im Vergleich zu den Preisen in Rom keineswegs zu teuer schien, auszog, und Wohnung im Haus am Neuthor 1 nahm. Madden hatte zwei Zimmer im Haus des Dekorateurs und Tapezierers Mohr vermittelt, und wenn Pirandello auch darüber lamentierte, daß er nun schon wieder auf eine Kirche schaue, die Kreuzkirche nämlich, tröstete er sich mit dem Gedanken, daß es diesmal wenigstens eine protestantische sei. Auch gefiel ihm die Einrichtung seiner zwei Zimmer außerordentlich, wie bei Gaspare Giudice nachzulesen ist, der Briefe des Sizilianers an seine Schwester zitiert: „Die zwei Zimmer sind ‚sehr elegant, um nicht zu sagen fürstlich möbliert‘, ‚eines schöner als das andere. Das Studierzimmer, es ist das größere der beiden, hat vier Fenster, genauer gesagt, drei Fenster und einen kleinen Balkon, noch genauer: drei Fenster und ein *belvedere* oder, wie man es auch ausdrücken könnte, drei Fenster und ein Paradies.‘ . . .er spricht bewundernd über ‚Teppiche auf dem Boden, Gardinen und Übergardinen an den Fenstern und neben den Türen ein sehr elegantes Sofa, zwei Sessel, einen Liegestuhl, Polsterstühle, Decken auf beiden Tischen – alles in derselben Farbe wie die Tapete, d. h. sehr dunkel, genau so wie es mir gefällt...‘ “ Pirandello lobt ferner die großartige Aussicht bis auf den Rhein, die er dort oben genossen habe.

Als Freund Maddens wird auch ein Dr. Karl Arxt oder Artz genannt, der wegen sozialistischer Umtriebe die Universität habe verlassen müssen und dem Pirandello Italienischstunden gegeben haben soll, dafür als Gegenleistung Deutschstunden von Arxt erhalten habe. Vielleicht war es Arxt, der beim Korrigieren der Doktorarbeit geholfen hat, mit Sicherheit werden Madden und Arxt Pirandello in das ihm unbekannte studentische Leben der Verbindungen eingeführt haben. Seinem Sohn Stefano hatte Pirandello später von der glücklichen Verbindung von Wissenschaft und studentischen Feiern in Bonn berichtet: „Es geschah oft, daß alle zusammen (Professoren und Studenten) die Hörsäle der berühmten Universität verließen und in das eine oder andere der kleinen Dörfer gingen, die Bonn umgaben, nach Poppelsdorf oder nach Godesberg, wenn im Frühling am legendären Fluß die Glyzinien blühten. Man spielte den ganzen Tag lang Boccia und befaßte sich mit provenzalischen Texten. Abends ging man in den Verein, wo die Lieder aus dem Kommersbuch und die großen Zechgelage unterbrochen wurden durch gelehrte Vorträge zu diesem oder jenem wissenschaftlichen Thema. Im Neuphilologischen Verein in Bonn trafen sich zu jener Zeit Studierende aller Nationalitäten und alle hatten, sitzend in Reih und Glied um einen großen Tisch herum, Krüge mit schäumendem Bier vor sich, verbrüderten sich miteinander."

Auch seien an jedem Monatsersten Scharen von jungen Damen aus Köln nach Bonn gekommen, weiß Pirandello zu berichten, mit denen man das Stipendium durchgebracht habe, solange das Geld, etwa bis zur Mitte des Monats, gereicht habe. Die jungen Damen seien dann abgereist, um zum Ersten des kommenden Monats wieder in Bonn zu erscheinen. Kontakte ließen sich, so macht Pirandello jedenfalls seine Schwester Lina glauben, überhaupt sehr leicht herstellen. Die entsprechende Briefstelle lautet in einer Übersetzung Franz Rauhuts: „Ferner besuchen mich von Zeit zu Zeit meine zwei jungen Freundinnen, Mary und Anna Rismann, zwei Teufelchen aus lauter Feuer, die mir jedesmal mein aristokratisches Zimmer in Unordnung bringen. Wundere Dich nicht über diese meine neue Freundschaft – hier in Deutschland ist es den Mädchen der Gesellschaft erlaubt, allein auf die Straße zu gehen und Freunde zu haben, die dann von ihnen ihren respektiven Familien vorgestellt werden. Es sind sehr anständige Mädchen aus einer der reichsten und angesehensten Familien Bonns. Die Art und Weise Freundschaft zu schließen ist sehr einfach. Wenn ein Mädchen zu etwas später Stunde ein Haus verläßt, in das es gegangen ist, um etwa einen Besuch zu machen, und wenn es befürchtet, unterwegs Betrunkenen zu begegnen, dann spricht es den nächsten jungen Mann an, der ihr ein Gentleman scheint, und bittet ihn, ihr Kavalier zu sein. Ereignet sich ein solches Abenteuer zweimal (wie mir mit diesen zwei Schwestern), dann ist die Freundschaft gleich geschlossen."

Die freieren Umgangsformen in Deutschland, vergleicht man sie mit den Sitten seiner sizilianischen Heimat, müssen Pirandello in der Tat, insbesondere was die Bewegungsfreiheit junger Damen betrifft, höchst ungewöhnlich vorgekommen sein: „Die Erziehung ist hier ganz anders, viel menschlicher, das muß man zugeben. Ich bin sicher, wenn ich das einem Freund von mir in Sizilien erzählen würde, dann würde er mit einem Auge zwinkern, wie um zu sagen: Weiß schon, was da los ist! Und ich würde ihn ohne weiteres einen Dummkopf nennen. Dabei sehe ich ein, daß eine solche Lebensweise sich keineswegs für unsere Städtchen eignen würde, wo die Heuchelei herrscht und die gute Erziehung bei allen Männern fehlt."

Das Ungewöhnlichste für Pirandello war vielleicht das Verhalten der Frauen im Karneval, das dem jungen Dichter doch gefallen haben muß. Gemeinsam mit Madden und Arxt fuhr Pirandello zum Karneval nach Köln, nachdem er ein kleines Vermögen, das er angeblich aus einer – nicht nachweisbaren – Übersetzung einer Einführung in die romanische Philologie von Neumann ins Italienische durch Monacis Vermittlung erhielt, mit auf die Reise genommen hatte, weil er es in Köln ausgeben, wohl auch, weil er seine Freunde freihalten wollte. Nach zwei Tagen erreichte Madden und Pirandello ein Telegramm ihres Vermieters Mohr mit der Bitte, nach Bonn zurückzukehren. Dort wurde ihnen dann eröffnet, daß das Dienstmädchen mit den Hosen der beiden Freunde durchgebrannt sei. Pirandello hatte nicht nur 300 Mark verloren, die monatliche Zuwendung seines Vaters, die er wohlweislich nicht mit nach Köln genommen hatte, sondern auch noch eine Uhr, ein goldenes Armband und einen seidenen Geldbeutel. Der Polizei gelang es, die Uhr aus einem Pfandhaus wiederzubeschaffen, der übrige Verlust wurde nie ersetzt. Pirandello mußte Mohl bitten, die ihm auf das Zimmer gesandten Bisquits zum Tee durch einfaches Brot zu ersetzen, wenigstens für einen Monat.

Möglicherweise bei einem Karnevalsball in der Beethovenhalle (Rauhut), vielleicht aber auch bei einem Spaziergang ins Siebengebirge (Nardelli), lernte Pirandello das junge Mädchen kennen, das während seiner Bonner Zeit seine Geliebte werden sollte und der er auch die Gedichtsammlung jener Jahre, „Pasqua di Gea" (Auferstehung der Erde) widmen sollte: Jenny Schulz-Lander. Pirandello berichtet (wieder in der Übersetzung Rauhuts): „Indessen bin ich gestern abend, um mich zu zerstreuen, in die Beethoven-Halle gegangen, wo der Karneval mit einem großen Maskenball eröffnet wurde. Auch ich bin in einen Domino geschlüpft und – entsetzt Euch! – auch ich habe getanzt, oder besser gesagt, ich bin herumgehüpft, noch besser, ich bin den Masken neben mir auf die Füße getreten – Dazu wurde ich von einer kleinen blauen Maske mit einem *übergroßen* störenden Strohhut schlankweg *gezwungen* – sie hing sich an meinen Arm und ließ mich den ganzen Abend nicht los – Um Mitternacht, dem Zeitpunkt, wo Demaskierung Brauch ist, war ich höchst erstaunt, in meiner verteufelten Unbekannten eine der strahlendsten Schönheiten zu erkennen, die mir je zu Gesicht gekommen ist. Heute habe ich mich, dem Brauch folgend, aufgemacht, sie zu Hause zu besuchen und zu fragen, wie sie den närrischen Orkan der letzten Nacht überstanden habe. Sie heißt Jenny Lander, ist 20 Jahre alt und die Tochter eines ehrenwerten Offiziers der Bonner Garnison. Ich bin außerstande, einen Karnevalsball in Deutschland zu beschreiben, und was dabei aus den Frauen wird – Alles bis zum Kuß einschließlich ist erlaubt, ohne irgendwelches Vorurteil."

Madden gab vor, Pirandello sei Maler, eine Möglichkeit zu einer Sitzung ließ sich finden, der Kontakt war aufgenommen. Das Verhältnis wurde enger, als Pirandello als Untermieter in das Haus Lander in der Breitestraße 37a (heute 83) ziehen konnte und dort wieder zwei Zimmer, eine Studierstube und ein Schlafzimmer, bewohnte. Jennys Mutter Emilie Alwine, geborene Lange, verwitwete Schulz, verheiratete Lander, vermietete an Studenten, um ihre Haushaltskasse – neben Jenny lebten noch zwei Geschwister im Hause – aufzubessern. Der Hausherr hatte sich, im Zustand offensichtlicher Umnachtung und darüber lamentierend, daß er wegen zu späten Aufstehens nie einen Sonnenaufgang gesehen habe, das Leben genommen.

Pirandello war zu der Zeit, in der er sich in Jenny verliebte, noch mit seiner Cousine Lina verlobt, die vier Jahre älter war als er, mit ein Grund dafür, daß die Familie diese Verbindung nicht schätzte. Auch wenn Pirandello bei seinen Besuchen in Sizilien die Verlobte mehrmals traf, beendete er die Beziehung nicht, sondern ließ sie noch bis zu seiner endgültigen Rückkehr fortbestehen. Seine Liebe jedoch galt Jenny. Besungen hat sie der junge Dichter in seinen „Elegie renane", seinen Rheinischen Elegien, die er eigentlich „Elegie boreali" (Nordische Elegien) nennen wollte. Pirandello hatte in seiner Bonner Zeit die „Römischen Elegien" Goethes ins Italienische übersetzt und später veröffentlicht. In enger Anlehnung an den Goetheschen Titel und im gleichen Versmaß seiner Goethe-Übersetzung entstanden die „Rheinischen Elegien", größtenteils veröffentlicht 1895. Sie beziehen sich auf den Winter des Jahres 1889/90. Das lyrische Ich beschreibt das Zusammensein mit Jenny (Johanna), der Mutter und der Schwester Martha, es beschreibt den inneren Zwiespalt zwischen der Verpflichtung der Braut gegenüber und der neu aufkeimenden Liebe zu Johanna, das Liebesverlangen und ein Liebesidyll am Kaminfeuer, schließlich den Liebesgenuß (Rauhut):

Schau: das silberschimmernde Weiß des Schnees, des verstreuten,
    unter dem traurigen Joch dämmernden Himmelsgewölbs,
sitzt wie Glatzen auf nackten Bäumen, auf Kirchen, auf stummen
    Häusern, auf Gipfeln und so stehn sie im kalten Licht.
Lastend auf kranken Dingen wird nie diese Luft hier zum Tage,
    gleich dem währenden Druck quälender Schicksalsmacht.
Weite Stille empfängt den Schnee, der bebend herabbringt
    uns das Geheimnis des Raums, welcher den Wolken gehört:

nur eine Nacht hat in Armen der Winter die Erde gehalten,
   alt hat schnell sie gemacht düsterer Liebe Gewalt.
Doch wie italische Morgenröte rosig erhebst du
   dich aus dem Liebeskampf, den du mit Wollust verlorst.
Schließest, wenn ich dich küsse, die Augen grad wie die Taube,
   wenn einem lauen Strahl wohlig sie bietet den Leib.
Also in Winters Mitte fühlst du im Herzen dir keimen
   hier einen schönen Lenz, irdisches neues Sein.

Hinter dem Liebesverlangen stand zu jener Zeit das wissenschaftliche Interesse deutlich zurück:

Das andre (Ich), sieh es in Deutschland, in Bonn am Rhein,
mit einem riesigen Hut aus Biberfell:
mager, krank, abgezehrt: es ißt nicht, es schläft nicht;
mit Ernst studiert es (oder glaubt's zum mindesten)
von der Sprache den Ursprung und die Formen.

Es studiert, doch. . . Nacht ist's: es summt der Kamin;
draußen schneien Flocken langsam, ewig:
sacht tut sich auf die Tür und einen Finger auf den Mund
tritt barfuß Jenny ein. . . Lateinisches Buch,
das Feuer neu zu beleben kommt dir jetzt zu!

Einem Freund sollte Pirandello später vertraulich mitteilen:
„Jenny spielte hervorragend ein Instrument und las eifrig
Bücher; sie hatte eine verzauberte Seele, eine wohlschmek-
kende Herbheit in den Lippen und Zähnen. Keine andre Frau
wird je solche Zöpfe tragen. Sie sang. Ihren unvergeßlichen
Charme hätte man auf gut Italienisch ‚una simpatia straordina-
ria' (ein außerordentlich sympathisches Wesen) genannt. Die
Gedichte, die ich natürlich schrieb, drehten, wie die Sonnenblu-
men zum Licht, ihr Gesicht zu Jenny hin." Ob Pirandello spürte,
daß diese Verbindung nicht lange währen konnte? Nach
Abschluß der Doktorarbeit ging er ohne Jenny zurück nach
Rom. Jenny zog bald darauf mit ihrer Mutter nach Amerika und
soll eine Stelle als Erzieherin im Hause des Grover Cleveland,
1885–89 und 1893–97 Präsident der USA, erhalten haben. Dort

muß sie auch ihren späteren Gatten, so jedenfalls Biagioni, einen gewissen John J. Nolan, getroffen haben.

Jenny bemühte sich anläßlich einer Amerikareise Pirandellos 1935 noch einmal um ein Treffen mit dem inzwischen hochgeehrten Dichter. Doch Pirandello lehnte ab, um die Jugenderinnerung nicht zu zerstören, wie er sagte, um Jenny keinen kahlköpfigen Pirandello vorzuführen.

Trotz seiner Krankheit, trotz seines äußeren elenden Aussehens, von dem Pirandello immer wieder schreibt, hat er in den drei Semestern, die er in Bonn studierte, Beachtliches vollbracht: Er lernte gründlich Deutsch, wenn auch seine in deutscher Sprache geschriebenen Briefe noch typische Fehler aufweisen, er übersetzte, wie erwähnt, die „Römischen Elegien" Goethes (veröffentlicht 1896 in Livorno), dichtete „Auferstehung der Erde" (veröffentlicht 1891, mit Widmung an Jenny) und die „Elegie renane", die zum Teil 1895 als Gedichtsammlung unter diesem Titel erschienen, zum Teil verstreut in Zeitschriften veröffentlicht oder erst posthum in der Gesamtausgabe im Band „Saggi, Poesie, Scritti varii" zugänglich wurden. Pirandello führte in seiner Bonner Zeit Tagebuch (er nennt es „Taccuino di Bonn") und arbeitete erstmals als Essayist. Die Zeitschrift „La vita nuova" hatte positiv auf Pirandellos erste Gedichtsammlung „Mal gioconco" reagiert, in ihr konnte er u. a. seinen Essay „Petrarca in Köln" erscheinen lassen. Darin bemerkt man deutlich den Einfluß der deutschen philologischen Schule, die Pirandello als anregendes Element für die italienische Humanismusforschung hervorhebt. Die akkurate bis pedantische philologische Methode hat Pirandello nachhaltig beeinflußt, der sich in jenen Jahren noch nicht zwischen einer Zukunft als Dichter, Essayist oder Philologe entscheiden wollte. Es muß für ihn eine große Befriedigung und Bestätigung bedeutet haben, seine Aufsätze gedruckt zu sehen. Einzig eine Übersetzung der „Grammatik der romanischen Sprachen" Meyer-Lübkes, die Pirandello für das Verlagshaus der Gebrüder Bocca anfertigen wollte, ist nicht erschienen.

Sorgen bereitete Pirandello das vor die eigentliche Doktorprüfung geschaltete verpflichtende Magisterexamen, in dem auch Allgemeinwissen abgefragt wurde. Nardelli beschreibt ausführlich die Qualen des jungen Sizilianers, der auch auf den Gebieten Mathematik und Zoologie Kenntnisse vorweisen sollte. Entsprechend unerfreulich fiel das Resultat aus: Die eigentliche Doktorprüfung bestand Pirandello mit einem „rite", für seine Arbeit, die 1973 auch ins Italienische übersetzt wurde, und die der Romanist Meyer-Lübke bald nach ihrem Erscheinen im „Literaturblatt für romanische und germanische Philologie", wenn auch ohne Enthusiasmus, rezensierte, erhielt er die Bewertung „durch sorgfältige Beobachtung und geschickte Darstellung tauglich". In einem Lebensabriß, den Pirandello auf dem römischen Hügel Monte Cavo 1893 seinem Freund und Bewunderer Pio Spezi diktierte, heißt es, er sei auf Grund seiner Doktorarbeit Lektor an der Bonner Universität geworden. Noch die Gedenktafel der Stadt Agrigent (dem alten Girgenti) im Ostflügel des Romanischen Seminars im Universitätshauptgebäude nennt Pirandello „. . .lettore di quest' Università", und zahlreiche Biographen haben diese falsche Information verbreitet. Ganz zu Anfang seiner Bonner Zeit, als Pirandello allerdings nur über mangelhafte Deutschkenntnisse verfügte, scheint Förster erwogen zu haben, Pirandello die Lektorenstelle für Italienisch an der Universität zu verschaffen. Obwohl dieser Posten bis 1905 unbesetzt blieb, wie Willi Hirdt nachgewiesen hat, kam es zu keiner Beschäftigung des Sizilianers. Wahrscheinlich hatte Pirandello selbst am Ende das Interesse an einem weiteren Aufenthalt in Deutschland verloren.

Welchen Einfluß übte die Bonner Zeit auf Pirandello aus? Er befaßte sich mit Goethe, Heine, Tieck, las rheinische Sagen. Er besuchte eine Aufführung von Wagners „Tannhäuser" im Stadttheater, die ihn tief beeindruckte, ohne daß er später Wagnerianer geworden wäre.

Aus der Rückschau scheint es eine Art Haßliebe zu sein, die Pirandello für Bonn empfunden hat. Noch im Zug nach Italien trifft er jenseits der Alpen eine deutsche Mitreisende, über die er sich in einem Gedicht folgendermaßen äußert:

Ach, Donnerwetter! Mit „Frau Germania"
fahr ich im Zuge! Immer noch,
uff, gab's drinnen „Kraut" und Nebel!
– gehen Sie weg, gnädige Frau,

gehen Sie weg! Verfolgen Sie mich
bis hier unten? Was wollen Sie von mir?
Ich, wissen Sie, bin von der Insel
der Briganten: Schlangen und Sonne.

Sonne und Schlangen die Fülle. Wenn ich
Ihnen eine Tochter in Tränen zurückgelassen habe,
so verzeihen Sie mir. Es ist wahr, arme
Jenny, allein, mutterseelenallein

habe ich sie mit dem Philosophen
Mob, meinem alten lieben Hund, zurückgelassen,
der – ich bin sicher – ihr sehr treu
sein wird, wenn er Futter von ihr bekommt.

Psychologisch ist die im Gedicht zum Ausdruck kommende
Haltung verständlich: die Episode mit Jenny endete mit einem
Auseinandergehen, Pirandello, geplagt von schlechtem Gewissen, wollte überhaupt der Sonne entgegen, in Rom seine Zelte
aufschlagen, weg vom ewigen Nebel und Dunst Bonns hin unter
die Sonne des Südens. Verständlich werden dann Reminiszenzen an einen Trupp Husaren, der vor einem Cafè spielt, wie im
Gedicht „Vecchio aviso":

Sie scheinen die Giganten der alten Mythen zu sein.
    Dreißig. Und in ihren Lungen
den ganzen Nordwind. Bei ihrem Blasen
sah ich Pappeln entsetzt erzittern
und Blätter fallen wie tote
    Schmetterlinge, und Vögel niederstürzen. . .

Ich schaute in den Himmel und dachte: Jetzt reißt er auf.
    Werden die Gäste sterben? –
Aber nein! Die Glücklichen! Runter gingen Bier und Schnaps,
und mit Gesang begleiteten sie den Marsch.

111

Dann, als ob sie von plötzlichem Wahnsinn befallen wären,
stehend, die Gläser zu
den dreißig Trompetern erhoben,
brüllten sie dreimal: „Es lebe Deutschland!"

Fröhlicher lauten die Erinnerungen Pirandellos anläßlich
seiner Deutschlandtournee des Jahres 1925, wo er wieder in
Bonn weilte und u. a. sein Drama „Sechs Personen suchen einen
Autor" zur Aufführung kam (18. 10.). Das „Gaudeamus igitur"
ertönte, und Pirandello antwortete bei dieser Gelegenheit:
„‚Danke, liebe Freunde! Ich schwöre Euch, daß ich mein ganzes
Werk, diesen Ruhm, der mir zugefallen ist, hingäbe, um der zu
sein, der ich war, mit Euch unsere alten rheinischen Lieder zu
singen. –‘
Und dann stimmten die sentimentalen deutschen Bären,
zuerst hinten in der Aula, mit leiser Stimme, und dann alle
zusammen unser altes Lied an. Ich konnte die Tränen nicht
zurückhalten."
Hat die weiter zurückliegende Erinnerung wieder alles ver-
schönt, oder hat die zeitliche Distanz das Urteil gerechter
werden lassen?
Im Werk des Dichters sind die Erinnerungen an Bonn nur
flüchtige Reminiszenzen: ein Hutladen taucht auf, ein Mann,
der nie einen Sonnenaufgang gesehen hat, ein Sprachlehrer –
Reminiszenzen, die Pirandellos Grundthema, die Suche nach
der eigenen Identität, variieren, wie z. B. in der Novelle
„Vexilia Regis": „Dreizehn Jahre waren seit seiner Deutsch-
landreise verflossen, die nun wie ein stürmischer Traum in seiner
Erinnerung wiedererwachte. Keine Spur von ihr, weder nah,
noch fern. Aber dennoch, wieviele Nachrichten hatte er gesammelt und welchen Anteil an Annys Leben in Bonn genommen!
Er hatte sogar das verlassene Haus in der Wenzelgasse wie jeden
anderen Ort in der Stadt besuchen wollen, um nach ihrem
früheren Leben zu forschen, damit ihm mit Hilfe der Nachrichten und angesichts der Dinge ringsum nichts unbekannt bliebe.
Da, durch die Poppelsdorfer Allee, war sie sicher mit ihren
Freundinnen spazierengegangen, und da, auf dem weiten,
langen Rheindamm, hatte sie sicher auf das kleine Dampfboot

gewartet, das wie ein Weberschiffchen den ganzen Tag das Leben von Bonn mit dem gegenüberliegenden Beuel verknüpft, oder sie war bis dahin gegangen, wo der Damm in einen kleinen Flußpfad auf dem Ufer übergeht, der nach Godesberg führt, zum Vergnügen an den Festtagen. Alles, alles hatte er sehen wollen, gewissermaßen mit ihren Augen. Und welche geheime Übereinstimmung hatte er zwischen dem Aussehen dieser Orte und der Gemütsart Annys aufzuspüren geglaubt!"

Frauenromane zu vierzig Pfennig und zwei Millionen Bände

Büchereien und Bibliotheken

Zur Geschichte der Literatur in Bonn gehört auch ein Überblick über die wichtigsten Publikums-Bibliotheken der Stadt. Wer heute Bücher benötigt und sie nicht kaufen möchte, wendet sich zunächst an die Stadtbücherei. Das computergesteuerte Ausleihverfahren im ehemaligen Rathaus am Bottlerplatz garantiert ein schnelles und problemloses Ausleihen. Zudem sucht sich der Benutzer die Bände selbst aus dem Regal und kann gleich entscheiden, ob das entsprechende Werk überhaupt für seine Bedürfnisse taugt. Vor nicht allzu langer Zeit beherbergte das „Haus der Erwachsenenbildung" in der Wilhelmstraße die Stadtbücherei. Nur weil diese Bibliothek so intensiv genutzt wurde und ungefähr ein Drittel aller Bände immer ausgeliehen waren, konnte sie (unter Verzicht auf einen Lesesaal und eine eigene Kinderbücherei) auf so engem Raum bestehen.

Denn der Bestand der gesamten Bonner Stadtbücherei umfaßt (1983) 470000 „Einheiten" (einschließlich der Noten, Schallplatten, Zeitungen und Zeitschriften und vor allem der Spiele und neuen Medien wie Kassetten). Diese 1943 gegründete Bücherei erfüllt damit, zusammen mit ihren zehn Zweigbüchereien, darunter einer Autobücherei, den Jugendbüchereien (in Schulzentren), der Stadtteil- und Gesamtschulbibliothek Beuel-Ost, den Bezirksbüchereien, einer Musikbücherei im Schumannhaus in Endenich und der englischen Bücherei „Die Brücke" im Haus der Zentralbibliothek im Stadtzentrum die populären Lesebedürfnisse. Doch auch die Studenten, es sind

Bücher = Verzeichnis

der Bonner
Bücher = und Lesehalle
e. V.
Quantiusstraße 5

✳

Gemeinnützige Leihbibliothek für unterhaltende u. wissenschaftliche Literatur. Besondere Abteilung für Jugendschriften. / Z. Zt. über 12500 Bände.

Ständig Eingang von Neuheiten.

40 % der Benutzer, bedienen sich zu wissenschaftlichen Zwekken gern der Stadtbücherei, das Entleihen geschieht eben weniger kompliziert als in der Universitätsbibliothek.

Die Stadtbücherei geht auf die 1897 gegründete „Bonner Bücher- und Lesehalle e. V." zurück, die ihr Domizil zunächst in der Poppelsdorfer Allee, von 1902 bis 1936 dann in der Quantiusstraße 5, aufschlug. Der Buchhändler Emil Strauß hatte maßgeblichen Einfluß auf die Gründung dieses Bildungsvereins, dem die Stadt Bonn immer wieder Zuschüsse gewährte. Die Benutzung war, einmal abgesehen vom Erwerb eines Katalogs, kostenlos. Die „Bonner Bücher- und Lesehalle" verfügte nach 1910 über 10000 Bände und einen eigenen Lesesaal mit Zeitungen und Zeitschriften. Schon nach dem Bücherverzeichnis aus dem Jahre 1923 war der Bestand auf 12500 Bände angewachsen, auf eine Abteilung für Jugendschriften wird eigens hingewiesen. Nach 1933, dem Jahr der „Machtergreifung" durch die Nationalsozialisten, lehnte die Stadt eine weitere Förderung des Vereins ab: „Neuere Literatur ist nur sehr wenig, nationalsozialistische überhaupt nicht vorhanden", gab man als Begründung an.

Ein Rest von 800 Büchern und Teile des Mobiliars wurden als Grundstock für die 1943 im Erdgeschoß des alten Rathauses am historischen Markt eröffnete Stadtbücherei herangezogen, eine Einrichtung, die ca. 10000 Bände umfaßte. Von ausgelagerten bzw. dezentral gelagerten Beständen abgesehen, fiel die Bücherei dem Luftangriff vom 18. Oktober 1944 zum Opfer, und nach einigen provisorischen Unterbringungen in Schulen zog sie schließlich als „Hauptbücherei" in die ehemalige Wilhelmschule (später „Haus der Erwachsenenbildung") ein, wo sie über 30 Jahre, schließlich sehr beengt, verblieb. Erst der Neubau des Rathauses, des umstrittenen Hochhauses am Berliner Platz, schuf Raum für die Stadtbücherei im alten Stadthaus, das 1980 bezogen werden konnte.

Zu Forschungszwecken steht auch die „Wissenschaftliche Stadtbibliothek" im Rahmen des Stadtarchivs zur Verfügung, doch geht man wohl nicht fehl in der Annahme, daß die Bestände dieser Bibliothek eher der Arbeit von Stadthistorikern dienen, die im Archiv arbeiten. Grundsätzlich jedoch ist auch diese Büchersammlung für alle offen, und sie birgt eine Fülle ungeahnter Schätze, wenn das Leihverfahren auch recht umständlich ist und ein regelrechter Publikumsansturm nicht bewältigt werden kann.

Für den Wissenschaftler, insbesondere die an der Universität tätigen Professoren und Studenten, steht die Universitätsbibliothek mit zwei Millionen Bänden dem Besucher offen. In einem funktionsgerechten, von den Architekten Fritz Bornemann und Pierre Vago entworfenen Bau etwas abseits der verkehrsreichen Adenauerallee untergebracht, befindet sie sich teilweise auf dem Grundstück der ehemaligen Bonner „Lese- und Erholungsgesellschaft", erweitert um Bauland, das von den Prym'schen Erben erstanden wurde. Zehn Jahre sollten vergehen, bis nach ersten Verhandlungen über das Trümmergrundstück der moderne Bibliotheksbau bezogen werden konnte. An diesem Gebäude, das sich – auch nach dem Wunsch der Stadtplaner und Architekten – als relativ flacher, langgezogener Bau in die Architektur der Adenauerallee einfügt, nagt nun auch schon wieder der Zahn der Zeit: die Mosaik-Außenwände wurden mit einer Metall-Fassade überzogen, was dem ästhetischen Eindruck jedoch keinen Abbruch tut. Wegen der relativ flachen Bauweise sind die Bücherspeicher unterirdisch: drei Magazingeschosse, die noch ein wenig Licht von der Rheinseite her beziehen, da das Grundstück zum Fluß hin abfällt, und die unter der Erdoberfläche liegen, verhindern, daß ein „Bücherturm" die Stadtsilhouette stört. Heute ist auch dieses Magazin schon wieder zu klein, die „Naturwissenschaften" wurden nach Poppelsdorf ausgelagert, Dissertationen z. B. befinden sich derzeit im ehemaligen Fabrikgebäude der Firma Soennecken, ebenfalls in Poppelsdorf. In der Bibliothek selbst erwies sich die Zone um Ausleihe, Katalograum und Lesesaal, die alle auf einer Ebene untergebracht sind und durch einen Atriumhof erhellt werden, als besonders funktional. Verwaltung, Kantine und spezielle Lesesäle wurden in den oberen Stockwerken zur Straße hin untergebracht.

Zu den notwendigen eben erwähnten Sondereinrichtungen gehört zum Beispiel der Handschriftenlesesaal im 2. Stock, in dem den Benutzern Rara, ein bibliographischer Handapparat mit Bibliotheksverzeichnissen und eben einmalige Stücke aus den Archivbeständen der Bonner Universitätsbibliothek zugänglich gemacht werden. Nicht wenige dieser Handschriften gehen auf die Sammlung der Sibylla Mertens-Schaaffhausen zurück, die 1849 vermacht, jedoch erst 1859 ausgehändigt wurde. Annette von Droste-Hülshoffs Originalkonzept der „Judenbuche" und einige wenige Briefe der Dichterin befinden sich in Bonn, ebenso Teile des Nachlasses von Robert Schumann, der Briefe von Clara und Robert Schumann sowie Skizzenbücher und Musikhandschriften des Komponisten enthält. Fragmente von Otfrieds Evangelienharmonie, die Hoffmann von Fallersleben 1821 entdeckte, und eine Handschrift mit Artusgeschichten aus dem Jahre 1286 gehören ebenfalls zu den Schätzen der Handschriftenabteilung.

Reich an alten Beständen ist die Bonner Universitätsbibliothek nicht, sie kann sich nicht mit Göttingen, Tübingen oder Freiburg messen. Das liegt zum Teil an den Zerstörungen des Zweiten Weltkrieges: am 18. Oktober 1944 brannte nicht nur die Stadtbücherei, sondern auch der Ostflügel des Universitätsgebäudes, des Flügels, der sich (mit Stockentor und Koblenzer Tor) bis zum Rhein erstreckt und die Universitätsbibliothek beherbergte. Abgesehen von den hohen ausgelagerten Beständen, darunter die Prinz-Georg-Bibliothek (Signatur PGB), eine an Theaterwerken und Reiseliteratur reiche Sammlung, verbrannte ca. ein Drittel der Bestände, die in 125 Jahren erworben worden waren. Was übrigblieb, vermochte den Traditionsverlust nicht aufzuwiegen. Auch die Universitätsbibliothek Bonn ist also, ähnlich wie die Stadtbücherei, eine Bibliothek ohne umfängliche alte Werke. Seinen Dienst als Universitätsbibliothek erfüllt das 1960 (vor der feierlichen Eröffnung) in Betrieb genommene Gebäude mit der Flut wissenschaftlicher Literatur, die im Nachkriegsdeutschland produziert wurde, und mit Werken, die man in den – für Neuerwerbungen öffentlicher Bibliotheken – günstigen fünfziger und sechziger Jahren anschaffen konnte. Die interessante Sammelaufgabe, alle wichtigen Neuerscheinungen des italienischen und französischen Büchermarkts, sofern sie Sprache und Literatur, Sprach- und Literaturwissenschaft betreffen, einzukaufen und auch dem auswärtigen Leihverkehr zugänglich zu machen, fiel der Universitätsbibliothek Bonn weiterhin zu.

Die Bonner Universitätsbibliothek könnte auf einen nicht geringen Fundus zurückgreifen, hätten nicht politische Umwälzungen und Brände den Erhalt des Bestandes verhindert.

Denn schon Clemens August besaß eine ca. 1200 Bände umfassende Bibliothek, in der vor allem Memoiren, Biographien, Kaisermonographien, Bände über Architektur und Verwaltungshandbücher aufbewahrt wurden. Beim Schloßbrand des Jahres 1777 wurde diese für eine Barockbibliothek nicht umfängliche Büchersammlung jedoch stark in Mitleidenschaft gezogen, so daß der uns schon bekannte Johann Philipp N. M. Vogel, seines Zeichens Kurfürstlicher Hofkammerrat, mit dem Neuaufbau einer Bibliothek betraut werden mußte.

Auf die etwas protzige Nachfolgeeinrichtung einer unter Max Friedrich bestehenden Bibliothek, die aber erst unter Max Franz der Öffentlichkeit zugänglich wurde und die wohl ein Klosterbruder drechselte, weisen Wilhelm von Humboldt und auch Joseph Gregor Lang („Reise auf dem Rhein") hin. Humboldt schreibt in seinen Tagebüchern: „Die Schränke, worin die Bücher stehn, sind sehr kostbar. Als der Bibliothekar einmal dem vorigen Kurfürsten vorstellte, dass man statt der Schränke viele nüzliche Bücher angeschafft haben würde, antwortete er: das verstehn Sie nicht, es ist eine Hofbibliothek, da muss das so sein." Man fühlt sich an Renaissance-Bibliotheken italienischer Potentaten erinnert, und Max Friedrich scheint nicht wenige Bücher nach ihrem ansprechenden Äußeren und seinen Liebhabereien angeschafft zu haben, was sich dann negativ bemerkbar machen sollte, als man in Bonn daran ging, eine Universität zu gründen, und die Hofbibliothek auch Universitätsbibliothek wurde. Max Franz, Nachfolger des erwähnten Max Friedrich, brachte seine umfängliche wertvolle, auch viele Karten umfassende Privatbibliothek aus Wien mit und vereinigte sie mit den Bonner Beständen, doch hat auch Lang den Eindruck eines ein wenig zu großzügig geratenen Bibliotheksinstituts: „. . . die kurfürstliche *Bibliothek* mit allen Gemächlichkeiten für die Lesende, eingerichtet nach dem Leitfaden des *Denis,* durch den Beitrag des jezzigen Fürsten um ein merkliches vermehret; die aber in der Struktur nur zu viel Vergoldung hat, nur zu verzieret ist, und noch zudem eine Uhr von florentinischer Arbeit enthält, die in das erste Seltenheitskabinet gehöret, und da übel angebracht stehet." Lang spielt hier auf die übrigen Sammlungen im Schloß an.

Während Lang 1790 feststellt: „Der Zutritt ist frei, und wird von den Bönner Minervenssöhnen fleissig besuchet", mußte man in früherer Zeit im Bonner Intelligenzblatt zur Benutzung der Einrichtung des aufgeklärten Landesherrn Max Franz aufrufen: „Die kurfürstliche Bibliothek steht täglich mehrere Stunden offen, und es ist nicht nur jedem Kandidaten der freie Zutritt erlaubt, sondern er trifft auch die bequemste Einrichtung zum Lesen an." Zu den Annehmlichkeiten, für die der Landesherr sorgte, gehörte unstreitig, daß er für Beleuchtung und Heizung aufkam und die Tintenfässer an den 40 bis 50 Pulten stets gefüllt zu halten waren. Die Bücher durften auf keinen Fall mit nach Hause gegeben werden, peinlich war darauf zu achten, daß nicht gestohlen wurde. „Es versteht sich von selbst, daß sich jedermann daselbst ruhig und still betragen müsse, um die anderen im Lesen nicht zu stören. Sollte aber wider Vermuten bei den Nachmittagsstunden Zänkerei oder zu viel Weinhitze sich spüren lassen, so wäre ein solcher alsbald abzuschaffen und bei wiederholtem Betretungsfall als ein zum Studieren unfähiger Kopf in das Lesezimmer nicht mehr zuzulassen." Punktum. Nach Wilhelm von Humboldt wurde diese Bibliothek von 5 bis 7 Uhr abends offengehalten, sehr zum Nutzen der Studenten, die ja keinen Zutritt zur Lesegesellschaft hatten, die sich seit 1787 (anders als die Universitätsbibliothek) auch um Zeitschriften und Aktuelles bemühte. Überhaupt wird erst die Hof- und Universitätsbibliothek ein sinnvolles Studium in Bonn ermöglicht haben (in den Vorlesungsverzeichnissen wird sie gebührend erwähnt). Dem aufklärerischen Tendenzen zuneigenden Landesherrn und auch dem Kurator der Universität, Freiherr von Spiegel, ist es zu danken, daß sie diese Aufgabe erfüllen konnte. Beide kümmerten sich persönlich um die Anschaffungen. An den Bibliothekar R. J. Esser schrieb Max Franz: „Die Bibliothek braucht zur Erfüllung ihrer gemeinnützigen Bestimmung noch vieles, da sie von Pracht entfernt bloß den Nutzen der

Studierenden und ihre Kenntnisse erweitern, vollenden zum Zweck hat. So ist mehr auf Nutzbarkeit des Textes, als auf Eitelkeitspracht der Editionen, Vignetten, Culs de Lampe, Kupferstiche beim Ankauf zu sehen."

Trotz dieses Bemühens findet die Bibliothek nicht Wilhelm von Humboldts Zustimmung: „Im Ganzen zwar ist sie geordnet aber in den kleinen Abtheilungen der Fächer fehlt alle Ordnung. Sie ist auch weder zahlreich, noch in irgend einem Fach vollständig. Nur die Sammlung von Bibelausgaben zeichnet sich aus. Man zeigt unter andern eine deutsche gedruckte von 1462, die aber . . . unächt sein soll. Neuere Werke findet man nicht viele. Nur jezt sucht der Cammer Präsident von Spiegel, der Curator der Universität ist, philosophische und kameralistische anzuschaffen. So sah ich doch Tetens, Mendelssohn, Kant u.s.f."

Zugänglich war die Büchersammlung vom Michaelstor, dem heutigen Koblenzer Tor aus. Neben der Torwache befand sich der kleine Aufgang in das obere Stockwerk des sich zum Alten Zoll hin erstreckenden Gebäudeteils.

Die Bibliothek selbst bestand nicht über die kurfürstliche Zeit hinaus. 15000 Bände wurden beim drohenden Anmarsch der Franzosen 1794 im Zusammenhang mit der Flucht des Kurfürsten in Kisten verpackt, zusammen mit dem Archiv, dem Silberzeug und weiteren Wertsachen. Per Schiff gelangten die Bücher nach Hamburg, wo sie jahrelang in Speichern gelagert wurden. Der Bibliotheksdiener Bendfeld erstellte schließlich für eine im Jahre 1808 angesetzte Auktion den Katalog. Zugunsten der Fürsten, die sich rechtsrheinische Territorien des Kurstaates teilten, wurden die wertvollen Bestände versteigert, nachdem der Kölner Kurfürst in Wien verstorben war und der Kurstaat sich aufgelöst hatte.

Durch die Auktion wurden die Bestände in alle Winde zerstreut, für die zukünftige Rhein-Universität fehlte so ein notwendiger Grundstock. In einer Denkschrift des Jahres 1816 heißt es entsprechend: „In Bonn . . . ist alles verstoben und verschwunden, was nur einigermassen als Grundlage einer öffentlichen Bibliothek angesehen werden könnte."

Doch nach 1818, dem Gründungsjahr der preußischen Universität, sollte es langsam wieder weitergehen. Es wurden zunächst keine Bibliotheksdirektoren bestellt, die hauptamtlich alle mit der Bibliothek zusammenhängenden Geschäfte erledigten, sondern Universitätslehrer. Zunächst Friedrich Gottlieb Welcker (1819–1854), dann Friedrich Wilhelm Ritschl (1854 bis 1865) führten die Oberaufsicht über die Bibliothek für 300 Taler neben ihrer akademischen Tätigkeit aus. Der Archäologe Welcker hatte sich bei seinen Berufungsverhandlungen interessiert nach den Bücherbeständen erkundigt, die er in Bonn erwarten könne, so ergab sich schließlich seine leitende Tätigkeit. Daß die Katalogarbeiten nicht fachmännisch ausgeführt wurden, versteht sich unter den gegebenen Umständen eigentlich von selbst. Je nach Elan der aufeinander folgenden Bibliothekare wurden Standort- und Real-Kataloge in Angriff genommen, ohne daß man als Hauptkatalog einen modernen und heute üblichen Zettelkatalog gewählt hätte. Dem Verständnis von Organisation jener Zeit entsprechend, schrieb man die Buchtitel nach Sachgebieten auf große Blätter, die dann zu Folianten gebunden wurden. Hatte man für die nachfolgende neue Literatur auf den Seiten keinen Platz gelassen, füllten Hinweise auf Nachträge die Katalogseiten, die nicht selten neu geschrieben werden mußten, auch weil man mit der inneren Ordnung nicht zu Rande kam.

Die Duisburger Universitätsbibliothek, 6000 Bände in 32 Kisten verpackt, gehörte zum Grundstock, mit dem man in Bonn 1818 begonnen hatte, neben der Bibliothek Harless, von der der Auktionskatalog schon gedruckt war, als deutlich wurde, daß Bonn den gesamten Bestand bekommen sollte. Es würde zu weit führen, alle Schenkungen und aufgekauften Büchersammlungen zu notieren, doch sei auf 106 Bände aus der Bibliothek August Wilhelm von Schlegels (1829) verwiesen, auf die Koblenzer Gymnasialbibliothek, die nach Bonn kam, und die Bestände säkularisierter Bergischer Klöster. Die Hilfskraft Hoffmann von Fallersleben bot sich einmal an, für einen Taler täglich Bücher aufzuspüren, die von rechtswegen nach Bonn gehört hätten, doch wurde das Angebot nicht aufgenommen. So blieb es bei den Beständen des ehemaligen Dominikanerklosters Marienheide, des Franziskanerklosters Wipperfürth und bei 232 Bänden aus der Klosterbibliothek Korvei. Bei der Suche nach Dissertationen stieß man zufällig auch auf die Akten der Universität Duisburg, die in einem Duisburger Gymnasium auf dem Söller lagen, ohne daß man davon gewußt hätte; auch diese Aktenbestände gelangten an die Universitätsbibliothek Bonn. Um die Dissertationen und Programme, insgesamt am Ende von Welckers Amtszeit 90 000 Bände, kümmerte man sich zunächst nicht, legte diese kleinen Schriften einfach in Kapseln ab, da man eine solche Menge überhaupt nicht bewältigen konnte.

Sinnvoller war es schon, bei Auktionen gezielt zu kaufen, insbesondere wenn die Berliner Zentralregierung, der das Gedeihen der Rheinischen Universität am Herzen lag, finanzielle Unterstützung gewährte. So kaufte man 1852 70 Sammelbände mit über 700 Theaterstücken, meist des 17. und 18. Jahrhunderts, für nur 30 Taler auf einer Auktion in Brüssel. Es kam auch vor, daß das Kultusministerium eine Bibliothek aufkaufte und dann die Königliche Bibliothek von Berlin die Bände auswählen durfte, die sie brauchen konnte, und erst danach die Bonner Bibliothekare sich aussuchten, was sie am Rhein noch nicht besaßen. In späterer Zeit tauschten die Bibliotheken ihre Doubletten untereinander, ein noch heute übliches Verfahren, um zu neuen Büchern zu kommen. Doubletten konnten aber auch verkauft werden, so durch den Bonner Antiquar und Buchhändler Mathias Lempertz, der gleichzeitig einer der Lieferanten der Bonner Universitätsbibliothek war. Vieles wurde, sicherlich nicht immer mit Sachverstand, makuliert, insbesondere, nachdem Pflichtexemplare der Bonner Universitätsbibliothek qua Gesetz abzuliefern waren, man in Bonn aber nicht das Personal und den Platz hatte, Schulbücher, Gebetbücher und Traktätchen aufzubewahren. Doch schon Erman, Bibliothekar von 1907 bis 1920, findet es bedauerlich, daß nicht einmal alle die Rheinlande betreffenden Texte auf diesem Wege in der einzigen großen Rheinischen Bibliothek jener Zeit gesammelt wurden.

Die Bibliothek war personell nicht ausreichend ausgestattet, weil man mit dem Direktor (Oberbibliothekar), einem Bibliothekar, zwei Kustoden, einem Diener und einigen Assistenten und Lehramtsanwärtern (Schulamtskandidaten) auskommen mußte. Es fehlte das, was heute Personal der „mittleren Laufbahn" genannt wird: die Sekretäre und Inspektoren, die sachkundig die Schreibarbeit hätten übernehmen können, insbesondere die wichtige Katalogarbeit. Hilfskräfte besorgten einen großen Teil der Ausleihgeschäfte, „Amanuensen" nannte man sie. Ritschl, der mit großer Tatkraft an die Neuorganisation der Bibliothek nach Welckers Amtsenthebung gegangen war und auch kaum mehr Mittel als sein Vorgänger zur Verfügung hatte, erreichte unter seinen Studenten, daß ihrer vierzig ohne Bezahlung, dafür befreit von Mahngebühren und ausgestattet mit der Erlaubnis, an die Regale zu gehen, ihm bei der bibliothekarischen Arbeit (Realkatalog) halfen. Als die Signaturen außen an den Büchern angebracht werden mußten, mit einem einfachen, Buchstaben und Zahlen benutzenden System, das die alten innen auf die Deckel notierten Signaturen und die lateinischen Ordnungsnamen ablösen sollte, mußten sogar Bonner Gymnasiasten und Waisenkinder mithelfen, damit die Umstellung möglichst schnell beendet werden konnte. „Die Etiketts wurden 1855 von Waisenknaben aufgeklebt und in sechs Monaten von Gymnasiasten beschrieben", schreibt Erman in seiner Geschichte der Universitätsbibliothek.

Die erwähnten Assistenten konnten den Freitisch oder das magere Stipendium, das ihnen ihre Tätigkeit in der Bibliothek einbrachte, zunächst nur annehmen, wenn sie zuvor ihre absolute Mittellosigkeit nachgewiesen hatten, ein merkwürdiges Kriterium für erfolgreiche Mitarbeit in einer Universitätsbibliothek.

Auch waren nicht alle Mitarbeiter frei von Tadel. Als die Bibliothek des ehemaligen Bibliothekars Klette 1879 an die Leipziger Buchhandlung T. O. Weigel gelangte, trugen einige Bände den Stempel der Bonner Universitätsbibliothek. Der damalige Direktor, Bernays, der Nachfolger Ritschls, kaufte dem Antiquar aus eigener Tasche die Bücher ab, um sie dem Bibliotheksbestand wieder zuzuführen.

Veruntreuungen hatte es auch vorher schon gegeben. Die Bibliotheksräume waren wegen der Länge des Gebäudes auch nur schwer zu überblicken. Anders als die kurfürstliche Hofbibliothek lag die neue Universitätsbibliothek im Galerieflügel zwischen Stockentor und Koblenzer Tor. Bernhard Hundeshagen beschreibt ihre Lage 1832 so: „Mit der akademischen Aula, zu der man auf der Haupttreppe des Flügels, die Maus genannt, emporsteigt, steht durch den beiderseitigen Vorsaal das große Lokal der Universitätsbibliothek in unmittelbarer Verbindung. Dasselbe begreift zuerst die obere Etage der sogenannten langen Gallerie, welche das Hauptschloßgebäude mit dem Michaels-Thorgebäude verbindet . . . Aus dem . . . bezeichneten Vorsaale kommt man in das Vorzimmer der Bibliothek, worin die Bücher zum Einsehen im Lokale verabreicht werden, dann in das Bibliotheks-Arbeitszimmer, und endlich in den Büchersaal, der über zweihundert und fünfzig Fuß lang, und an dreißig Fuß im Lichten breit, und mit sechs und dreißig Fenstern zu beiden Seiten versehen ist. In demselben sind in den einfachen Repositoren längs den Wänden und der zweifachen doppelten Reihe derselben mitten durch denselben, an siebzig tausend Bände aufgestellt, wozu noch einige Doubletten kommen, welche im untern Lokale verwahrt und von Zeit zu Zeit verkauft werden." Das Aufstellen großer Bestände verhinderte der fehlende Platz in dieser Universitätsbibliothek. Auch Umbauten, der Neubau eines Magazins unter dem vierten Oberbibliothekar, Schaarschmidt, brachte keine Besserung. Zeitweilig erfolgte die Buchausgabe im Lesezimmer selbst, kein Wunder also, wenn große Teile der Studentenschaft (bis zu 75 %) der Bibliothek überhaupt fernblieben. Auch die geringe Öffnungszeit, von 2 bis 3 Uhr täglich, mittwochs und samstags von 2 bis 4 Uhr, später wurden es 12 Wochenstunden, wird kaum zu einer regelmäßigen Benutzung angeregt haben. Unter Schaarschmidt, der Bernays in seinem Amt gefolgt war und schon unter Ritschl dem Stab angehörte, wurde ein sich an das Michaelstor anschließender Gebäudeteil, das Konvikt, zu einem Teil der Universitätsbibliothek. Doch die Aufteilung auf zwei, nur über die Straße zu erreichende Gebäudeteile brachte auch keine praktikable Lösung. Oft wußte man nicht, wo die Kataloge unterzubringen waren, und der Traum des Bibliothekars Wilhelm Erman, sogenannte Soenneckenschränke (für einen Zettelkatalog) anzuschaffen, scheiterte an der Raumfrage. Ermann schob den Aufbau eines Zettelkatalogs als zentralen Katalogs für die Benutzer immer wieder hinaus, da er mit einem Neubau der Universitätsbibliothek rechnete, der, wie erwähnt, erst 1949 in Angriff genommen wurde. Ein heutigen Erfordernissen genügender Katalog ließ sich aber schließlich nicht mehr hinauszögern, unter Erich vom Rath begann man 1930 mit einem Zettelkatalog. Schon 1928 hatte man den regelmäßigen, täglich erfolgenden auswärtigen Leihverkehr mit Köln aufgenommen, seit 1910 wurden Leihgebühren erhoben. Etwa zur gleichen Zeit erklärte man das Sammeln romanischer und niederländischer Literatur zu den „Sonderaufgaben" der Bonner Universitätsbibliothek.

Nach Auslagerung, Zerstörung im Zweiten Weltkrieg und Rückführung der Bestände erfolgte die Wiederaufnahme des Leihbetriebs schließlich in zentraler Lage im ehemaligen Schaaffhausenschen Bankgebäude („Am Hof 34"), der Universität gegenüber. Dem Namen Schaaffhausen war die Bibliothek einmal mehr verbunden.

Neben der Universitätsbibliothek, die wissenschaftlichen Zielen zu dienen hat, bestanden in Bonn stets kommerziell geführte Leihbüchereien, die populäre Lesestoffe bereithielten, bevor heute die Stadtbücherei diese Aufgabe, nichtwissenschaftliche Lesebedürfnisse zu befriedigen, übernahm. Dazu einige Anmerkungen aus der Nordstadt, der heutigen Altstadt Bonns: Es existiert dort eine „Leihbücherei", die als privates Unternehmen in Verbindung mit einem Zeitschriftenhandel sowie dem Verkauf von Papier und Zeichenbedarf geführt wird. Einen kleinen Teil der Verkaufsfläche der Firma Leser in der Wolfstraße nehmen gebundene Bücher ein, die gegen eine Gebühr von 50 Pfennig für eine Woche ausgeliehen werden.

Wie Herr Wolfgang Leser berichtet, übernahm er bereits durch den Kauf des Geschäfts 1966 auch die dort eingerichtete Leihbücherei, die die erste Inhaberin der Firma, Frau Harre, aufgebaut hatte. Es sollte sich bald herausstellen, daß der Bücherbestand erneuert werden mußte, da die Bände dem Kundenkreis schon bekannt waren. Der Bestand wurde deshalb an einen Grossisten (Firma Edelmann, Hainsberg) verkauft, der gewerbsmäßig 300 damals noch bestehende Leihbüchereien belieferte, für die Bände aus Bonn also weitere Verwendung hatte. In einem Tauschgeschäft stattete er dann die kleine Bücherei in der Wolfstraße mit neuem Lesestoff aus und erhielt gleichzeitig noch die Hälfte der Einnahmen, seinerzeit 20 Pfennig vom wöchentlichen Ausleihpreis von entsprechend 40 Pfennig pro Buch. Drei bis vier Titel der Sparten „Krimis", „Western", „Science-Fiction" und „Frauenromane" – andere Literatur wird nicht geführt – kamen pro Monat als neue Titel hinzu. Die Bücherei, die heute ca. 250 Bände umfaßt, wird nunmehr aber lediglich als Service-Leistung für ältere Kunden weitergeführt, wenn auch die Sparte der „Frauenromane" in letzter Zeit einige jüngere Liebhaberinnen gefunden zu haben scheint.

Wenn sich die Kunden der Bücherei des Herrn Leser nicht darauf beschränkten, lediglich das Genre anzugeben, aus dem sie neuen Lesestoff konsumieren wollten, hatten sie Gelegenheit, selbst an die Regale zu gehen, und sich Bücher auszusuchen. Um zu verhindern, daß ein Buch wiederholt an denselben Kunden gelangte, der sich an den Titel nicht mehr erinnerte, wurde die Lese-Nummer des Kunden in das Buch eingetragen. In den Unterlagen wurden gleichzeitig Name, Anschrift und Lese-Nummer des Kunden notiert. Besonderen Anklang fand diese 1933/34 gegründete Leihbücherei in den Jahren nach dem Zweiten Weltkrieg, nachdem die unmittelbare materielle Not behoben war und man Zeit für Lektüre fand.

In jenen Zeiten waren Leihbüchereien ein lukratives Geschäft, ein großer Kundenstamm sicherte die notwendigen Mittel für Neuanschaffungen, denn ohne einen Fundus neuer Werke konnte dieses Gewerbe nicht bestehen. Gewerbliche Leihbüchereien gab es noch nach dem Zweiten Weltkrieg überall in Bonn, etwa in der Breitestraße in zwei Zimmern einer Wohnung bis ca. 1971/72 (Frau Becker und Tochter, dort hatte man auch Goethe), in Kessenich, jenseits der Eisenbahn in der Nähe der Viktoria-Brücke in Verbindung mit einer Lotto-Annahmestelle (das Geschäft wurde vor ca. sieben Jahren aufgelöst). Man sieht: Es ist noch nicht lange her, daß man sich seinen unterhaltenden Lesestoff beim Kaufmann um die Ecke besorgte. Von den ca. 300 Leihbüchereien, die die Firma

Edelmann aus Hainsberg belieferte, sind lediglich drei übrig geblieben: die der Firma Leser, eine weitere in Ehrenbreitstein und schließlich eine im Raum Hainsberg.

Ein „Geschäft", wie es die Bonner Leihbüchereien einmal waren, sind sie nun schon lange nicht mehr. Die Leihbücherei in der Wolfstraße hatte in ihren Glanzzeiten 554 Leser. Ihr Einzugsbereich erstreckte sich auf den Kaiser-Karl-Ring, die Kölnstraße, die Gegend um den Wilhelmsplatz, den Annagraben. Herr Leser weiß zu erzählen, daß seine Kunden gerne bei einem Gang in die Stadt ihre Wünsche äußerten, um die Bände dann bei ihrer Rückkehr vom Einkauf abzuholen.

Einen Einbruch erlebte das Leih-Geschäft mit dem Aufkommen der neuen Medien Anfang bis Mitte der siebziger Jahre, wo noch ca. 120 Leser regelmäßig einen Teil ihrer Freizeitbeschäftigung in der Lektüre von Büchern aus dieser Leihbücherei sahen. Heute sind es noch etwa 30 Bewohner dieses Viertels, das ohnehin seinen Charakter durch den starken Zuzug vieler Studenten in den letzten fünfzehn Jahren verändert hat. Viele ehemalige Kunden haben den Weg in die Stadtbücherei gefunden und auch erklärt, daß ihre Bedürfnisse dort durch das große Angebot besser befriedigt würden, die Benutzung zudem dort kostenlos sei (diese Zeiten gehören nun freilich auch der Vergangenheit an).

Ein Bonner Buchhändler
des 19. Jahrhunderts

Friedrich Cohen

Die Geschichte der Literatur in Bonn wäre nur unvollkommen behandelt, würde nicht an einigen Beispielen verdeutlicht, wie man im Buchhandel vergangener Zeiten arbeitete. Als erstes Exempel sei der Verlag und die Buch- und Kunsthandlung des Friedrich Cohen beschrieben, über die es auch eine literarische Quelle gibt: das Erinnerungsbuch des späteren Romanciers, Novellisten und Goldoniübersetzers Julius R. Haarhaus. „Ahnen und Enkel" heißen seine Memoiren, die uns in einer Ausgabe des Jahres 1921 vorliegen und die den Namen des Prinzipals Friedrich Cohen, unter dem der Berichterstatter eine Lehre als Buchhändler absolvierte, sorgfältig vermeiden. Die beschriebenen äußeren Umstände bis hin zur zwölfköpfigen Kinderschar im Hause Cohen stimmen jedoch, so daß man getrost die Informationen von Haarhaus zitieren kann. Hedwig Cohen-Bouvier, die in einer kleinen Schrift „Hundert Jahre Friedrich Cohen Bonn", so der Umschlagtext, die Verlagsgeschichte lebendig erzählt hat, nimmt ebenso auf „Ahnen und Enkel" Bezug wie die Firmengeschichte des Jahres 1978; Haarhaus zeichnet ein sympathisches Bild des tatkräftigen Unternehmers Cohen in der rheinischen Universitätsstadt.

Begonnen hatte alles schon eine Generation zuvor, als in Bonn der Lithograph Aimé Henry – er lebte mit Mutter und Schwester in Poppelsdorf und zeichnete die Pflanzen im Garten des Schlosses nach – und Maximilian Cohen, aus einer jüdischen Kölner Kaufmannsfamilie stammend, 1829 ein gemeinsames Unternehmen gründeten: die Firma Henry & Cohen. Maximilian hatte 2000 Silbertaler und Geschäftsgeist in das Unternehmen eingebracht, Henry seine künstlerisch-technischen Fertigkeiten, eine ideale Verbindung, wie es schien. Die Geschäftsräume befanden sich in der Sternstraße, im hinteren Teil des Gebäudes war die Druckerei untergebracht. Hedwig Cohen-Bouvier schreibt über diese Zeit: „Während Aimé Henry meist für den Verlag mit dem Zeichnen der Tafeln und der Herstellung der Bücher beschäftigt war, führte Max Cohen die Geschäfte. Er saß vom frühen Morgen bis spät abends an einem hohen Pult, das mitten in seinem Laden stand, die lange Pfeife immer im Mund und arbeitete unbekümmert um die Kunden, die aus und ein gingen, an seinen Plänen und Kalkulationen." Über die Mitarbeiter des Geschäfts erfahren wir folgendes: „Den Ladenverkehr besorgten zwei Gehilfen, von denen einer bei Cohen und einer bei Henry in Kost und Logis war. Der Laden durfte tagsüber nicht verlassen werden. In einem Nebenstübchen mußten daher die Gehilfen das Mittagessen einnehmen, das ebenso wie eine große Kanne Nachmittagskaffee von den beiden Hausfrauen abwechselnd in das Geschäft geschickt wurde. Außer den Gehilfen war noch ein Lehrling vorhanden, der seine Tätigkeit damit begann, daß er früh morgens den Kanonenofen anheizen und die Fensterläden aushängen mußte. Um auf diese Weise den Buchhandel von Grund auf zu erlernen, bedurfte es einer durchschnittlichen Lehrzeit von fünf bis sechs Jahren."

Kennzeichen der Drucke des Verlagshauses Henry & Cohen war die hohe Qualität der hergestellten Bücher. Hochwillkommen mußte den Bonner Gelehrten die Möglichkeit sein, mit Henrys Hilfe gehaltvolle Abbildungen geschaffen zu sehen, zu einer Zeit, als der moderne Tiefdruck noch nicht erfunden war. „Lithographische Anstalt der Rheinischen Friedrich-Wilhelms-Universität" durfte sich das Institut nach 1833 nennen, das bald in ein Haus „Am Markt" umzog. Durch die lithographischen Arbeiten wurden zahlreiche Kontakte zur Universität geknüpft, die sich wieder förderlich auf den Buchhandel auswirkten, den man 1835 aufnahm. Henry und Cohen trennten sich erst 1861, nach 32 Jahren gemeinschaftlichen Arbeitens, als die nachstrebenden Söhne in das Geschäft eintreten sollten und der Raum für so viele Persönlichkeiten, die nach einiger Unabhängigkeit gestrebt haben werden, doch zu eng wurde. Auch mögen religiöse Spannungen zwischen dem überzeugten Katholiken Henry und dem jüdischen Kaufmann Cohen bestimmend für die Trennung gewesen sein. Henry erhielt die Lithographische Anstalt und gründete ein selbständiges Unternehmen, das sein Domizil in der Remigiusstraße aufschlug und auch Bestand hatte; Cohen konzentrierte sich zunächst einmal auf den Buchhandel.

Die junge Kraft, die ins Geschäftsleben drängte, war Friedrich Cohen (1836–1912), der seine Ausbildung im väterlichen Betrieb genossen hatte und sie dann in Prag und Oldenburg vervollkommnete. Zu den großen Veränderungen jener Zeit gehört der Neubau eines großzügigen Geschäftshauses, das nach den Vorstellungen des Besitzers 1875 am Kaiserplatz 18 aufgebaut wurde: „Das Haus am Kaiserplatz, in das ich am Abenddämmer des 30. November einzog, hatte mein Prinzipal selbst gebaut und für Geschäfts- wie Wohnzwecke ungemein praktisch eingerichtet. Das Erdgeschoß und ein damit verbundener weitläufiger glasüberdachter Anbau waren der Buchhandlung eingeräumt; die ganze Front nahm der Laden ein, dessen Decke von Säulen getragen wurde, und an dessen Wänden in beträchtlicher Höhe eine Galerie entlang lief, zu der man auf einer eisernen Wendeltreppe hinaufstieg . . . Von der Ladengalerie aus gelangte man in die Räume des Zwischengeschosses, die meist zu Lagerzwecken dienten, zu denen aber auch mein Zimmer gehörte, während das Obergeschoß von der Familie des Hausherrn bewohnt wurde."

Ein „vornehmes Haus" nennt Julius Haarhaus das Geschäft, das ein „sehr bedeutendes und in der ganzen wissenschaftlichen Welt rühmlichst bekanntes Verlags-, Sortiments-, Kunst- und Antiquariatsgeschäft" beherbergte. Mit dem Eintritt Friedrichs in das Geschäft hatte man also der Buchhandlung, die zunächst auch noch Schreibwaren feilbot (man verkaufte die ersten, in eigener Werkstatt hergestellten Schulhefte anstatt loser Blätter – eine Neuerung), ein Antiquariat angegliedert, das gleichzeitig um ein „Bücherauktionsinstitut" ergänzt wurde (1861). Die Geschäftsidee bestand darin, zunächst einmal Restauflagen an den Mann zu bringen, bald kam man jedoch dazu, als wissenschaftliches Antiquariat Universität und Gelehrte mit Büchern zu versorgen, gleichsam einen nicht geringen Teil der Informationen zu liefern, die für die Forschung dringend notwendig waren. Schon bald sollte Friedrich Cohen diese Aufgabe auch für zahlreiche in- und ausländische Institute mit übernehmen, was seiner Buchhandlung ein über die Bonner Grenzen hinausgehendes Gepräge gab.

Haarhaus berichtet belustigt über einen Rittergutsbesitzer des Umlandes, der bei Cohen immer nur das Beste kaufte: Alles was schön und teuer war, ließ er sich reservieren. Die Gehilfen packten die gekauften Bücher in eine Kiste, die dem Kunden immer dann zugestellt wurde, wenn sie voll war. „Als er nach Jahren starb", weiß Haarhaus zu berichten, „kaufte mein Prinzipal seinen ganzen Nachlaß an Kunstschätzen und literarischen Delikatessen zurück: es waren sechzehn noch uneröffnete Kisten! Als es einmal darum ging, Cohen zum „Universitätsbuchhändler" zu machen, wurde neben seiner Tatkraft, Intelligenz und Redlichkeit und dem Anschaffen von antiquarischen Büchern für die Universität gerühmt, daß Cohen Nachlässe nicht zum Schaden der Hinterbliebenen aufkaufte, was ihn sicherlich ehrte.

Haarhaus schildert Cohen als untersetzten, dabei sehr beweglichen Prinzipal, einen „ebenso umsichtigen wie beharrlichen Geschäftsmann", den jeder Mißerfolg nur noch zu größeren Leistungen angespornt habe. „Immer tätig, fand er doch jederzeit Muße, die Entwicklung der Wissenschaften aufmerksam zu verfolgen und im freundschaftlichen Verkehr mit maßgeblichen Gelehrten Verbindungen anzuknüpfen, die besonders für den Verlag ungemein wertvoll wurden. Er war ein Menschenkenner wie wenige, wußte beim Gespräch mit Leuten des verschiedensten Bildungsgrades immer den rechten Ton zu treffen und verstand, wenn er belletristische Bücher oder Kunstwerke verkaufte, mit unfehlbarem Instinkt Geschmack und Neigung der Kunden richtig einzuschätzen. Am wohlsten war ihm freilich, wenn er mit Leuten zu tun hatte, deren reifes Urteil in künstlerischen und literarischen Dingen mit dem seinen übereinstimmte. Konnte er da ein Buch, ein Gemälde oder einen Kupferstich mit voller Überzeugung anpreisen, so strahlte er förmlich vor Vergnügen, und seine eigene gegenständliche Freude entkräftete stets die letzten Bedenken."

Auch als Kunsthändler scheint Cohen nicht ohne Erfolge gewesen zu sein, erkannte man im Hause doch bald, welche Möglichkeiten sich mit der Verbreitung von populären Graphiken und Lithos boten. Gerne, auch in der offiziösen Firmengeschichte, wird erzählt, wie Cohen für eine Lithographie von Joseph Keller, die die Sixtinische Madonna darstellte und an der der Künstler zwölf Jahre gearbeitet haben soll, eigens eine Nische im Mauerwerk anbringen ließ, um die kostbare Kupferplatte, zwischen zwei Eichenbretter geklemmt, zu schützen. Nur unter Bewachung sandte man die ein beträchtliches Vermögen darstellende Platte zu einem Drucker nach Düsseldorf, wenn neue Abzüge verlangt wurden: „Sein ‚Sixtinchen' war unserm Chef aber auch wie kein anderes seiner Verlagswerke ans Herz gewachsen, und wenn Bestellungen darauf einliefen, so ließ er sich's nie nehmen, selbst den gewaltigen Lagerschrank aufzuschließen, die Blätter eingehend mit der Lupe zu prüfen und das gewählte dann mit eigener Hand zur Versendung in ein langes, schmales Kistchen zu verpacken. Gekrönte Häupter, vor allem auch Papst Leo der Dreizehnte, bestellten zuweilen kostbare Abzüge der frühen Plattenzustände, und solche Tage waren die einzigen, an denen ich den Prinzipal wirklich aufgeregt gesehen habe."

Das Hauptgeschäft wurde mit Büchern gemacht, und zwar, je nach Nachfrage, auf unterschiedlichen Gebieten. Das Weihnachtsgeschäft brachte in Friedrich Cohens Buchhandlung nicht wenige Veränderungen mit sich: Geschenkausgaben, goldverzierte Bändchen, Kunst, Belletristik traten dann in den Vordergrund und wurden ab dem 1. Dezember publikumswirksam ausgelegt, die „Wissenschaft" schleppten die Angestellten und Lehrlinge auf die Galerie oder in die Räume des Antiquariats. An das Weihnachtsgeschäft schloß sich das „Remittieren" an: alle in Kommission genommenen Bände wurden, wenn kein Käuferinteresse mehr zu erwarten war, an einen Leipziger Großhändler zurückgesandt, der sie wiederum den Verlagen zusandte. In diesen Tagen herrschte einige Unordnung im

Geschäft, da die Remittenden, nach Verlagen geordnet, versandfertig gemacht werden mußten, wie Haarhaus berichtet. Und noch eine Praxis entspricht nicht mehr in jedem Fall heutigen Gepflogenheiten (Universitätsinstitute und -seminare einmal ausgenommen): Mit Hilfe von Laufburschen wurden die Bände einem möglichen Käuferkreis zur Ansicht ins Haus getragen. Natürlich bemühte sich jede der Bonner Buchhandlungen, zu den ersten zu gehören, die den „Gotha" oder die Ärzteverordnung zustellen konnte, ein regelrechter Wettlauf begann.

Mit einigem Erstaunen liest man heute, daß die Buchhandlungen auch sonntags von 9 bis 12 Uhr geöffnet waren, die ohnehin nicht besonders gut bezahlten Angestellten dafür montags etwas später erscheinen durften. Da bedeutete das Feiern des Karnevals schon eine Unterbrechung im täglichen Einerlei, dem Aus- und Einpacken von Büchern und dem Umgang mit den Kunden.

Haarhaus beschreibt die unterschiedlichsten Charaktere, besonders natürlich Professoren der Universität. Wendelin Förster sei sehr unentschlossen gewesen und habe immer seinen frühreifen Sohn um Rat gefragt, bevor er etwas gekauft habe, ein Professor Baron sei so geizig gewesen, daß er nicht einmal die wichtigsten Publikationen seiner Fachkollegen bei sich zu Hause besessen habe. Seelenruhig habe Baron die Buchhandlung betreten, und die notwendigen Informationen, die er gerade brauchte, herausgesucht und auf seinen Manschetten notiert. Haarhaus erinnert sich auch an die Altphilologen Usener und Bücheler, den Oberberghauptmann von Dechen, an den Mathematiker Geheimrat Lipschitz und den Anatomen la Valette de St. George.

Wissenschaftliche Bücher, ohne daß man auf den lukrativen Kunsthandel und den Umsatz zu Weihnachten verzichten mochte, machten die eigentliche Grundlage des Geschäfts aus. Die Fülle der Bücher aus den Gebieten Medizin, Rechts- und Staatswissenschaft, Theologie, Philosophie, Philologie, Kunstgeschichte, Chemie, Pädagogik, Mathematik mußte den jungen Lehrling Haarhaus erschlagen: „Sie lagen in noch unaufgeschnittenen gehefteten Exemplaren in langen Reihen auf den vier mächtigen Ladentafeln, sie standen auf den Brettern der hohen Repositorien an den Wänden, sie füllten die Gestelle auf der Galerie. Das erste, dessen Titel ich las, war eine Grammatik des kairinischen Dialekts der arabischen Sprache, das zweite ein Handbuch der Geburtshilfe, das dritte eine Abhandlung über die Gehörknöchelchen einer südamerikanischen Fledermaus. Mir wirbelte alles vor den Augen, und bei dem Gedanken, daß ich genötigt sein werde, mir alle diese Büchertitel und Verfasser-namen zu merken, trat mir der kalte Schweiß auf die Stirn."

Die Professoren der Universität, aber nicht nur sie, waren nicht nur Kunden des Sortiments und Antiquariats, sie versorg-ten Friedrich Cohen auch mit Manuskripten, die er dann in seinem Verlag erscheinen lassen konnte. „Aber keiner der Verlagsautoren", schreibt Julius Haarhaus, „ist von so nachhal-tigem Einfluß auf mich geworden wie Carl Justi, der große Kunsthistoriker. Hager und etwas schlaff in seiner äußeren Erscheinung, das kahle Haupt mit dem grauen Spitzbart immer gesenkt, war er ein Gelehrter von allumfassendem Wissen . . . Sein zweibändiges Werk über Velasquez habe ich entstehen sehen und die Korrekturbogen heimlich verschlungen, ich bin Zeuge der unendlichen Sorgfalt und Gewissenhaftigkeit gewe-sen, mit der Justi beim Sammeln und Sichten des Materials zu Werke ging, weiß, daß er, um irgend einen fraglichen Punkt aufzuklären, eine Reise nach Spanien nicht scheute, und daß er den Holzschneider, der die Stöcke zu den Abbildungen lieferte und der dem strengen Autor nie genug tun konnte, zur hellen Verzweiflung getrieben hat. Dafür ist aber auch ein Buch entstanden, dem die deutsche Literatur kein zweites an die Seite zu stellen hat, ein Buch, das, weit mehr als eine Biographie oder ein Ausschnitt aus der Kunstgeschichte, die ganze spanische Kulturwelt des 17. Jahrhunderts umfaßt . . ."

1865 erschien in vierter Auflage Karl Simrocks „Das maleri-sche und romantische Rheinland". Verstärkt nahm man auch Philosophisches, das bald maßgeblich das Verlagsprogramm bestimmen sollte, in die Produktion auf. Eine Erweiterung erfuhr das Repertoire schließlich 1891 durch die Übernahme der Werke, die bislang im Verlag Neusser erschienen waren.

Von 1903 an führten die Söhne Fritz und Heinrich Cohen die Geschäfte, doch kam es bald zu einer Trennung der Interessen.

Am Hof 14 eröffnete Heinrich einen selbständigen Kunsthandel.

Auch sollte sich herausstellen, daß die schönen Verkaufsräume am Kaiserplatz doch nicht so günstig lagen, der Verkehrsstrom wurde vom Bahnhof zum Münsterplatz und schließlich zum Markt gelenkt. Da bot sich eine gute Gelegenheit, direkt gegenüber der Universität Fuß zu fassen, als die „Lese" Ende des 19. Jahrhunderts ihr Haus aufgab. Schon vorher hatte man Am Hof 22 eine Filiale eröffnet, Am Hof 30 konnte schließlich ein endgültiges Domizil in günstiger Lage bezogen werden.

Das schöne Haus „Am Hof" beeindruckte durch seine klar gegliederte Fassade, und die breite Schaufensterfront mit uns heute nostalgisch anmutenden Firmenschildern ließ einiges von der Seriosität erkennen, mit der sich das Unternehmen entwickelte.

Medizinisches gab man ab, zum Beispiel an den Berliner Verlag Springer, die Konkurrenz auf diesem Gebiet war zu stark geworden. Philosophie und die besondere Problematik des Rheinlandes berührende Literatur wurden Hauptgegenstände des Verlags. Ernst Bertram, Max Scheler, Martin Heidegger wurden Autoren des Hauses, auch der Kunsthistoriker Heinrich Lützeler. Von Band 11 an erschienen die „Mitteilungen der Literarhistorischen Gesellschaft" Litzmanns bei Cohen, eines akademischen Zirkels, der außerhalb der Universität literaturwissenschaftliche Probleme erörterte und dem auch Schmidtbonn angehörte. 1925 gab die Firma Cohen erstmals den „Bonner Literaturkalender" heraus, ein Repertorium der Universitätslehrer, das auch deren Lebensdaten und wichtigste Veröffentlichungen nennt, ein später gelegentlich wiederholtes Unternehmen des Verlags.

Als Fritz Cohen, der die Geschäfte von 1903 bis 1927 geführt hatte, am 1. April 1927 starb, ging das Unternehmen an Hedwig Cohen-Bouvier über, die versuchte, es ihrem noch in Ausbildung befindlichen Sohn zu erhalten. Große ökonomische Schwierigkeiten stellten sich ein, und nur durch Vergleich konnte ein drohender Konkurs abgewendet werden. Da Frau Cohen-Bouvier nicht Jüdin war, konnte sie das Unternehmen als „H. Bouvier u. Co." nach einer Neustrukturierung 1938 weiterführen. Um es zu konsilidieren, verkaufte sie ihr Privathaus und trennte sich von der Verlagsproduktion, die an den Frankfurter Gerhard Schulte-Bulmke ging. Bis auf einen kleinen Teil wurde das Antiquariat an die Firma Adler in Bern verkauft. Mit der Aufgabe von Geschäftsteilen verließen fähige Mitarbeiter, unter ihnen Vittorio Klostermann, der sich als Verleger in Frankfurt selbständig machte, das Unternehmen. Eine langsame Konsolidierung gelang unter tätiger Mithilfe von Herbert Grundmann, der 1939 als Handlungsbevollmächtigter in die Firma eintrat und Anteile an ihr erwarb, sich aber bald, da er zum Wehrdienst einberufen wurde, auch nicht mehr um das Geschäft kümmern konnte.

Die Kinder Hedwig Cohen-Bouviers emigrierten rechtzeitig nach England und in die Vereinigten Staaten, 1944 wurden die Geschäftsräume ausgebombt. Frau Cohen-Bouvier gelang es nach dem Krieg, ausgelagerte Bestände des Antiquariats wieder herbeizuschaffen und zurückzukaufen, sie begann von neuem mit dem Handel von Büchern, zunächst in Privatwohnungen. 1953 übernahm Herbert Grundmann schließlich das Geschäft, und ihm war es auch vergönnt, Teile des Verlagsprogramms von Schulte-Bulmke zurückzukaufen. Herbert Grundmann, er verstarb 1981, modernisierte die Buchhandlung ständig und organisierte sie nach streng wirtschaftlichen Geschäftsprinzipien. Neben dem Sortiment, das auch in Filialgeschäften betrieben wird, stehen das „Moderne Antiquariat" in Bonn und Bad Godesberg sowie die Verlagsaktivitäten (100 Neuerscheinungen pro Jahr) im Vordergrund. Im Börsenverein des deutschen Buchhandels war Herbert Grundmann schließlich sogar Vorsitzender der Vollversammlung. Seit 1981 leitet sein Sohn Thomas die Geschäfte des Hauses.

Apropos Buchhandel

Buchhandlung Röhrscheid

1982 gelang Thomas Grundmann der Erwerb der traditions-
reichen Buchhandlung Ludwig Röhrscheid. Die Erben der
vorigen Besitzer, Mitglieder der Familie Stilke, zogen es vor,
sich aus diesem Engagement zurückzuziehen. Karl Gutzmer
hatte seit 1956 die Buchhandlung geleitet, der ein Verlag und ein
Antiquariat angeschlossen sind, ganz in der Tradition des
Hauses und auch der weiterer Buchhandlungen, die in aller
Regel Sortiment, Verlag und Antiquariat gleichermaßen pfleg-
ten. Meist bestanden Kontakte zwischen Buchhandlungen und
Universität, von dort kamen Manuskripte, dorthin verkaufte
man die Neuerscheinungen, wohl auch Rara und Vergriffenes
aus dem Antiquariat.

Der Verlag Röhrscheid, den Namen gab der Besitzer der
Buchhandlung der Jahre 1891 bis 1921, hat sich vor allem die
Verbreitung rheinischer Literatur zum Ziel gesetzt, Hermann
Aubin, Adolf Bach, Max Braubach, Edith Ennen, Franz
Steinbach, Matthias Zender sind einige der Autoren der wissen-
schaftlichen Literatur des Hauses. Schon das Verlagssignet,
einem frühgotischen Sandsteinrelief der Pfarrkirche von Bas-

senheim nachempfunden, das 1935 entdeckt wurde und aus staufischer Zeit stammt, soll das besondere Interesse des Verlags an Geschichte und Rheinischer Landeskunde im Einflußbereich vieler europäischer Kulturströmungen dokumentieren. Auch das Antiquariat hat sich auf alte Drucke, Geschichte und Kulturgeschichte sowie Landeskunde spezialisiert, die Zahl der Antiquariatskataloge hat die Zahl 500 überschritten. Ein „Rheinischer Bücherbrief" der Buchhandlung erscheint zweimal jährlich und nicht zuletzt durch Lesungen mit zeitgenössischen Autoren und Dichtern (Karl Krolow, Peter Bichsel, Martin Walser, Dieter Kühn) trägt die Buchhandlung Röhrscheid in Bonn zur Verbreitung von Literatur bei.

Die Geschichte der Buchhandlung geht auf die Gründung der Preußischen Universität zurück, die es für Buchhändler attraktiv werden ließ, sich in der Stadt am Rhein niederzulassen.

So beschlossen sowohl Adolph Marcus (1793–1857) als auch Eduard Weber (1791–1868), um eine Konzession für Bonn nachzusuchen, die 1818 auch beiden gewährt wurde. Ihre Autoren im Verlagsgeschäft waren Friedrich Diez, Karl Simrock (Adolph Marcus) und Ernst Moritz Arndt, August Wilhelm von Schlegel, Barthold Georg Niebuhr (Eduard Weber). Seit dem 1. Oktober 1897 wurden beide Verlage unter Julius Flittner vereinigt. 1909 gingen sie an Albert Ahn über, 1937 schließlich erwarb Walter de Gruyter in Berlin die Verlagsproduktion und führte sie innerhalb seines Verlages weiter. Was das Sortiment betrifft, ging Webers Buchhandlung an dessen Sohn Rudolf Weber und Matthias Hochgürtel über. Letzterer führte sie von 1875 bis 1887, sie erlosch dann allerdings mit dessen Tod.

Das Sortiment von Marcus leitete zunächst dessen Sohn Gustav, danach übernahm Emil Strauß, eine der farbigsten Erscheinungen des Bonner Buchhandels, die Geschäftsführung. Als sich Emil Strauß verstärkt dem Restbuchhandel (heute würde man sagen, dem „Modernen Antiquariat") widmen wollte, gab er seine Sortimentsbuchhandlung auf, die dann u. a. von Ludwig Röhrscheid, seinem ehemaligen Gehilfen, weitergeleitet wurde. Unter Ludwig Röhrscheid entwickelte sich die Buchhandlung zu einem der acht führenden Geschäfte Deutschlands. Leihbibliothek, Lesezirkel, Kunstabteilung,

Versand- und Exportbuchhandel, ja sogar die Bonner Bahnhofsbuchhandlung und der Verlag umfaßte sein Geschäft.

Hat sich auch kein literarisches Zeugnis aus der Geschichte des Verlagshauses und der Buchhandlung Röhrscheid erhalten – sieht man von der Tatsache ab, daß Emil Strauß Haarhaus als Lehrling ablehnte und auf diese Weise noch im Erinnerungsbuch „Ahnen und Enkel" auftaucht –, so kennen wir doch den Bericht des Buchhändlers Friedrich Gottlieb Opitz (geb. 1853 in Bonn, gestorben 1927 in Torgau), der 1868 bei Rudolf Weber eine Lehre begann und nachher Buchhändler in Weimar, Herzberg und Torgau wurde.

Opitz konnte sogar für sich in Anspruch nehmen, für die Buchhandlung Weber von einiger Bedeutung gewesen zu sein. Durch seinen Vater, Oberpedell an der Universität, war er mit Dozenten und Professoren näher bekannt und konnte so mit Neuerscheinungen direkt bis in das Arbeitszimmer der Wissenschaftler vordringen, was den Verkauf nicht wenig befördert haben wird. Ähnliches geschah in der Universitätsbibliothek. Wann immer ein Paket der Firma Teubner aus Leipzig ankam, wurde in fieberhafter Eile im Geschäft ausgezeichnet, eine Begleitnote geschrieben und das Paket vom Lehrling Opitz zur Universitätsbibliothek getragen: „Da alle Beamte, auch die Bibliothekare Schaarschmidt und Staender (letzterer war mein früherer Ordinarius in Tertia gewesen) mich genau kannten, so durfte ich direct bis in das Zimmer des Oberbibliothekars Bernays gehen und ihm mit dem ergebenen, aber freudigen Zuruf: ‚Eine neue Teubnersendung' alle Bücherschätze vorlegen. Da ich fast immer der Erste war, so kam von diesen Sendungen selten etwas zurück – zur Freude der Chefs und ihres Lehrlings."

Rudolf Weber selbst hatte einen nicht geringen Anteil am Verkauf der Bücher an Fremde: „. . . Weber war drei Jahre in London bei Williams & Norgate gewesen und hatte sich dort ein ausgezeichnetes Englisch angeeignet, was in den ersten Hotels bekannt war, infolgedessen sandten die letzteren alle Engländer beiderlei Geschlechts in unsere Buchhandlung, in der sämtliche damals erschienenen Bände der Tauchnitz-Edition in vielfacher Anzahl vorrätig waren, ebenso alle Reisebücher von Bädecker und Murray."

Als Emil Strauß 1870 von Marcus das Buchhandelsgeschäft übernahm, verpflichtete er sich dazu, fünf Jahre lang keinen der Marcusschen Autoren für seinen noch zu gründenden Verlag unter Vertrag zu nehmen. Entsprechend stand in den Anfangszeiten das Sortiment im Vordergrund, das sich nach Anfangsschwierigkeiten während des deutsch-französischen Krieges jedoch stetig aufwärtsentwickelte. Strauß kämpfte zunächst gegen eine Preisbindung für Bücher, angesichts der Überproduktion der Verlage sollte sich der Stärkere durchsetzen, Rabatte bei Bücherkäufen waren gängige Geschäftspraxis. Im Denken Strauß' trat eine Wende ein, als der Börsenverein nach 1885 als zentrale Instanz den Preisverfall auf dem Büchermarkt durch Fixpreise zu stoppen suchte. Strauß nahm schließlich sogar verantwortliche Stellungen innerhalb seiner Berufsorganisation ein.

Für den Rest- und Ramschbuchhandel jedoch konnten seiner Meinung nach feste Preise nicht gelten, und diesem Geschäftszweig hatte sich Strauß 1891 zugewandt, nachdem man das Sortiment an Röhrscheid abgetreten hatte. Schwer war es, sich als „Provinzbuchhändler" gegen Leipziger und Berliner Antiquare durchzusetzen.

Das 1872 aufgenommene Verlagsgeschäft wird Emil Strauß vielleicht noch am meisten Freude bereitet haben, wobei er einen wissenschaftlichen Universitätsverlag anstrebte. Die Schriften seines Onkels, des Theologen David Friedrich Strauß, wurden verlegt, ebenso die sehr diskutierten Bücher des Naturphilosophen Ernst Haeckel, die im Hause Strauß hohe Auflagenzahlen erreichten. Durch Beziehungen zum rumänischen Königshaus avancierte Strauß zum Verleger der Carmen Sylva, der rumänischen Königin Elisabeth, wenn auch schöngeistige Literatur nicht, wie erwähnt, zum Verlagsschwerpunkt gehörte. Sehr lukrativ gestaltete sich der Bonner Ortsverlag des Emil Strauß. Führer durch Bonn erreichten viele Auflagen, Karten, Pläne, Wanderbücher erschienen, sogar ein „Tourenbuch für Radfahrer im Bonngau", wie Strauß' Biograph Oskar von Hase zu berichten weiß. Der größte Teil der Verlagsproduktion, der sich Emil Strauß bald ausschließlich widmete, ging nach dessen Tod 1903 an den Stuttgarter Alfred Kröner.

Eine Beschreibung der Persönlichkeit des Bonner Verlegers findet sich in den Erinnerungen von Julius Haarhaus, der von dem Vorstellungsgespräch, das er, begleitet von seinen Eltern, in der Buchhandlung führte, schreibt: „Nicht ohne innere Erregung betrat ich den am Hof gelegenen Straußschen Laden, wo die Goldpressung und der Schnitt der Prachtwerke mein Auge kaum minder blendete, als es die Kleinodien im Schatzgewölbe eines orientalischen Märchenkönigs hätten tun können. Der Besitzer all dieser Herrlichkeiten sah freilich trotz seinem langen schwarzen Bart nicht gerade wie ein Märchenkönig aus, empfing mich auch nicht mit jener majestätischen Handbewegung, die da andeutet: dies alles sei dein, sondern betrachtete mich recht kühl und kritisch durch seine Brille und führte uns ohne allzu aufdringliche Nötigung in sein mit Mannfeldschen Radierungen eigenen Verlages geschmücktes Privatkontor."

Strauß schätzte einen Gedichte schreibenden Lehrling für seine Buchhandlung nicht, die gerade aufgenommenen Verhandlungen kamen zu einem raschen Ende: „Er hörte uns mit ergeben gefalteten Händen an, fühlte mir ein wenig auf den Zahn und überflog meine Schulzeugnisse, die ihm freilich keine Rufe der Bewunderung entlockten. Meine Hochachtung vor ihm stieg, als er bemerkte, auf das, was jemand in der Schule geleistet habe, sei nicht viel zu geben; das praktische Leben stelle ganz andere Anforderungen, und es wäre vielleicht alles nach Wunsch verlaufen, wenn nicht meine Mutter, um mich noch ein wenig herauszustreichen, so ganz beiläufig erwähnt hätte, ich mache auch recht nette Gedichte. Da schnappte Herr Emil Strauß hörbar ein, warf mir einen Blick bleichen Entsetzens zu, und erwiderte dann sehr trocken, hier komme es nicht darauf an, daß man Gedichte *mache,* sondern daß man, was tausendmal schwieriger sei, Gedichte *verkaufe.* Dann erhob er sich, versprach, uns seinen Entschluß schriftlich mitzuteilen, und geleitete uns ohne übertriebene Förmlichkeiten zum Ausgang." So kam Haarhaus als Lehrling zum Konkurrenten Cohen.

Buchhandlung Lempertz

1802 wurde die Druckerei Heberle in Köln gegründet. Im August 1811 fand eine erste Versteigerung in diesem Geschäft statt. Wir können also davon ausgehen, daß um 1811 die Druckerei Heberle eine Buchhandlung und ein Antiquariat unter ihrem Namen führte. Dieses umfangreiche Geschäft wurde 1840 von Heinrich Lempertz, der bei Heberle gelernt hatte, zusammen mit dem Schwiegersohn des Gründers, Osterwald, übernommen. 1845 erhielt Heinrich Lempertz allein die Konzession für eine Buchhandlung in Köln, bereits 1844 hatte er sie für Bonn erworben. Die Bonner Niederlassung zeichnete sich durch großartige Versteigerungen aus, die damals allgemeines Aufsehen erregten: 1845 kam die Bibliothek August Wilhelm Schlegels, 1860 die Ernst Moritz Arndts, 1867 kamen die Bücher Hundeshagens – u. a. mit einer Nibelungenhandschrift aus dem 15. Jahrhundert – und 1867 die Bibliothek Welckers unter den Hammer.

Heinrich Lempertz war eine illustre Persönlichkeit. Er wurde 1816 in Köln in demselben Haus geboren, in dem Rubens seine Kindheit verlebt hatte und in dem Maria von Medici gestorben war. Er stand als Geschäftsmann in regem Briefverkehr mit Friedrich Wilhelm IV., der ihm die goldene Verdienstmedaille verlieh. Die Beziehung zum Königshaus, der spätere Friedrich Wilhelm IV. war in seiner Eigenschaft als Kronprinz Gouverneur der Rheinprovinz, mag ihm auch 1844 erleichtert haben, für seinen Bruder Mathias die Konzession für die Buchhandlung und das Antiquariat unter dem Firmennamen Lempertz in Bonn zu erlangen, obwohl das Geschäft unter dem Namen Heberle Anzeigen in der in Mißkredit geratenen „Bonner Zeitung" Kinkels aufgegeben hatte. 1876 setzte sich Mathias Lempertz zur Ruhe und verkaufte sein Geschäft an Peter Hanstein. Das Bonner Haus Lempertz befand sich zunächst Am Hof 18, wurde 1880 von dem neuen Besitzer in die Fürstenstraße verlegt und 1888 in die Franziskanerstraße 6, gegenüber der Universitätsbibliothek.

Das von Peter Hanstein übernommene Geschäft in Bonn bestand aus einer Buchhandlung, einem Antiquariat, einer

Kunsthandlung und dem Verlag, der sich auf Lokalhistorisches, Werke aus dem Bereich der katholischen Theologie und Schulbücher für den Religionsunterricht spezialisierte. Aus dem Jahre 1904 ist ein Vertrag zwischen Professor Adolf Dyroff und Peter Hanstein erhalten; er betrifft das Werk „Über das Seelenleben des Kindes". Unter Paragraph 2 und 3 ist zu lesen: „Die Auflagenhöhe beträgt 1000 (Eintausend) Abzüge und erhält der Herr Verfasser bei jeder Auflage 25 (Fünfundzwanzig) Freiexemplare", ferner: „Der Herr Verfasser erhält als Honorar für die erste Auflage Mk 80,– (Achtzig Mark), für die zweite und für jede folgende Mk 100,– (Einhundert Mark). Die Zahlung erfolgt nach der Drucklegung." Der Verlag machte noch um 1900 Defizite, das Geld brachte hauptsächlich der Kunsthandel, den Hanstein nach Köln verlegt hatte und der das Stammhaus Heinrich Lempertz dort bald übertraf, und das Antiquariat.

Als Peter Hanstein 1925 verstarb, übernahm sein Sohn Hans das Bonner Geschäft, also Verlag, Buchhandlung und Antiquariat, sein Sohn Joseph die Kölner Kunsthandlung.

Unter Hans Hanstein begann der Verlag mit der Herausgabe des berühmten „Bonner Bibelwerks", das schon gleich zu Beginn auf Kritik aus Rom stieß und unter Schwierigkeiten, mit wechselnden Herausgebern, erschien.

Besonders im Dritten Reich erfuhr der Verlag, aufgrund seiner katholischen Ausrichtung, viele Einschränkungen; ihm wurde das Papier verweigert, er mußte Tausende von Exemplaren mißliebiger Werke (etwa eine „Katholische Sittenlehre") einstampfen und 1944 den Verlag schließen.

1937 war Heinrich Böll kurzzeitig Lehrling bei Hanstein, er berichtet in „Eine deutsche Erinnerung" (Interview mit René Wintzen): „Ich habe dann 37 das Abitur gemacht und bin in Bonn in eine Buchhandelslehre gegangen, habe die Lehre nach dreiviertel Jahren abgebrochen, weil es mir zu aussichtslos erschien, dreieinhalb Jahre lang in der Lehre zu sein und so wenig Geld zu verdienen – ich verdiente 12 Mark im Monat, davon ging noch das Fahrgeld ab. Meinen Eltern ging es wirtschaftlich sehr dreckig . . . Jedenfalls habe ich ohne großes Interesse diesen Beruf angefangen. Er war auch wieder eine

Deckung gegenüber der politischen Umwelt, ich brauchte nicht in eine Parteiorganisation, mein Lehrherr war sehr konservativ, zurückhaltend, katholisch auf eine angenehme Weise. Immerhin hatte diese Lehre einen großen Vorteil, es gab in diesem Geschäft ein Riesenantiquariat, ich glaube, zweihundert- oder dreihunderttausend Bände, das war das Hauptgeschäft. Es gab ein Sortiment, wie man es nennt, ein Antiquariat und einen Verlag. Alle drei buchhändlerischen Möglichkeiten waren da, und in diesem Antiquariat gab es auch sehr viele Bücher, die offiziell verboten waren, die man nur kaufen konnte mit einer ministeriellen Erlaubnis, zum Beispiel für Studienzwecke etwa Freud oder Marx oder auch alte pornographische Werke wie Aretino, und ich hatte die Gelegenheit, als Neunzehnjähriger Freud zu lesen. Das war eine Sensation in dieser Zeit."

Hans Hanstein starb am 29. Mai 1940, das Geschäftsgebäude wurde beim großen Angriff auf Bonn am 18. Oktober 1944 völlig vernichtet, und die Witwe Hans Hansteins, Gertrud, geborene Kerp, kam im Dezember 1944 bei einem Fliegerangriff mit dem einzigen Sohn ums Leben.

Nach 1945 bemühten sich Mitglieder der Familien Hanstein und Kerp um den Wiederaufbau des Geschäfts. Die Firma betreibt seit 1958 kein Antiquariat mehr, 1971 wurde der Verlag verkauft; Lempertz ist heute, unter Leitung des Ehepaares Ilse und Kurt Kerp, eine in unmittelbarer Nähe der Universität gelegene Buchhandlung, die sich besonders – ganz im Sinne der Tradition des Hauses – auf das Schrifttum der katholischen Theologie spezialisiert hat.

Buchhandlung Behrendt

1972 konnte die Buchhandlung Behrendt auf ein hundertjähriges Bestehen im Familienbesitz zurückblicken. Gustav Hermann Behrendt hatte seinerzeit das Unternehmen an der Stelle gegründet, wo es sich, in unmittelbarer Nähe zur Universität, immer noch befindet. Auch von Kriegseinwirkungen ist das Stammhaus weitgehend verschont geblieben. Lediglich größere Umbauten wurden notwendig, um zu einer besseren Ausnutzung des vorhandenen Raumes zu gelangen. So legte man 1966/67 das Erdgeschoß tiefer, um einen ebenerdigen Zugang von der Straße her zu garantieren, der letzte Umbau 1982, unter dem jetzigen Besitzer, Manfred Herbert, gewährleistet eine bessere Ausnutzung des oberen Stockwerkes, in dem vor allem juristische, wirtschafts-wissenschaftliche und medizinische Literatur angeboten wird. Die Abteilung für Kinder- und Jugendliteratur befindet sich nunmehr im Erdgeschoß neben einer stark erweiterten Taschenbuchabteilung. Im vorderen Ladenteil findet man Biographien, Belletristik und vor allem Titel zur Geschichte und aktuellen Politik. Das kleine Antiquariat wird eher nebenher betrieben.

Dabei stellte es – neben dem Sortiment – eine der Stützen des Unternehmens dar, lediglich der Verlag war von untergeordnetem Interesse. Otto Wenig weist darauf hin, daß man es sich bei den engen Beziehungen zur Universität vermutlich kaum leisten konnte, nicht ab und an einen Band herauszubringen. Bekannt sind unter Eingeweihten heute noch an Bänden des Verlags Behrendt die von der „Gesellschaft für rheinische Geschichtskunde" herausgegebenen Werke, darunter der „Geschichtliche Atlas der Rheinprovinz" mit Erläuterungen und weitere Titel derselben Publikationsserie. Diese Schriften scheinen kein großes Geschäft gewesen zu sein, sie wechselten häufig den Verleger, lagen zeitweilig bei Peter Hanstein, in dessen Haus, der Buchhandlung Mathias Lempertz, auch der Firmengründer Gustav Hermann Behrendt seine Lehrzeit verbracht hatte.

Den Mut, in direkter Nachbarschaft zu zahlreichen Fachkollegen eine Buchhandlung zu eröffnen, schöpfte Gustav Hermann Behrendt wohl auch aus den stets wachsenden Studentenzahlen der benachbarten Universität. Hinzu trat Bonn als bevorzugte Stadt für Rentner, die sicherlich auch ein relativ lesefreudiges Publikum für die Buchhandlung darstellten. Schließlich war Bonn Ende des 19. Jahrhunderts Sitz wichtiger Behörden, des Oberbergamts, des Landratsamtes für den Landkreis Bonn, des Landgerichts, des Landeskonservators der Rheinprovinz, des Rheinischen Landesmuseums. Ein Buchhändler der Gründerjahre wie G. H. Behrendt bewies mit seiner Initiative unternehmerisches Gespür. Der Aufschwung, den die Geschäfte, gerade auch die der Buchhändler in jenen Jahren, nahmen, ist vielleicht mit der Ausweitung des Geschäfts zu vergleichen, die Bonn nach dem Zweiten Weltkrieg als eine wieder wachsende Universitätsstadt, Sitz der Bundesbehörden und der diplomatischen Vertretungen sowie der Verbände mit sich brachte. Rechtswissenschaftliches stand immer im Vordergrund der Aktivitäten der Buchhandlung Behrendt wie auch Naturwissenschaften und Medizin, Fächer, die sowohl im Antiquariat als auch im Sortiment stets breiten Raum einnahmen. Bonn beherbergte große Klinikkomplexe im Bereich der heutigen Beethovenhalle, in denen der medizinische Nachwuchs ausgebildet wurde. Die Geisteswissenschaften wurden aber ebenfalls gepflegt, in neuerer Zeit vor allem Erziehungswissenschaft, Psychologie und Philosophie.

Auf den wiederholt erwähnten Firmengründer Gustav Hermann Behrendt (1841–1908) folgte sein Sohn Hermann (1876–1952), unter dessen Ägide das Verlagsgeschäft, das von 1890 bis zum Ersten Weltkrieg in Blüte stand, aufgegeben wurde. Hermann Behrendts Tochter Dorothea heiratete den Generalmajor a. D. Theodor Herbert, der sich im Geschäft seines Schwiegervaters nach der Rückkehr aus dem Zweiten Weltkrieg zum Buchhändler ausbilden ließ. Seit 1963 führt der älteste Sohn der Eheleute Dorothea und Theodor, Manfred Herbert, die Geschäfte. Ihm steht seine Gattin Ute in der Buchhandlung zur Seite.

Für den Literarhistoriker scheint die Zeit der Prinzipalschaft Hermann Behrendts die interessanteste zu sein. Otto Wenig weiß zu berichten, daß sich der Besitzer der Buchhandlung einiger inquisitorischer Untersuchungen seitens des nationalsozialistischen Regimes zu erwehren hatte: „Staatspolizeiliche Revisionen seiner Buchbestände, Beschlagnahmen sogenannter staatsgefährdender Literatur und polizeiliche Vernehmungen erschwerten ihm die Jahre der nationalsozialistischen Herrschaft."

Nach 1945 muß der erhaltene Buchbestand des Antiquariats, zu Zeiten streng geregelter Buchzuweisungen durch die Verlage, allgemeiner Papierknappheit und einer ungeheuren Lesewut in der Bevölkerung, ein nicht geringes Kapital dargestellt haben. Der Firmengeschichte ist aber zu entnehmen, daß die Druckqualität der Bücher aus der Vorkriegszeit bald nicht mehr den Standards der Zeit nach 1945 entsprachen.

Etwas skurril, aber doch glaubhaft, mutet die Tatsache an, daß sich nach dem Kriege in der Buchhandlung Behrendt das einzige „Deutsche Bücherverzeichnis" befand und Gelehrte, Bibliothekare und Buchhändler sich zu Treffs in den Räumen des Unternehmens zusammenfanden, weil sie anderweitig nicht erfahren konnten, welche Bücher wo gedruckt waren. Kurzzeitig bestand eine Art Leihbücherei für wissenschaftliche Werke, Raritäten aus dem Antiquariat, die nach 1945 von Professoren und Studenten sehr gesucht waren.

Gilde-Buchhandlung

Die Kölner Görres-Haus GmbH gab unter anderem das Blatt der Zentrums-Partei, die „Kölnische Volkszeitung", heraus, und für die Buchproduktion war ihr der Gilde-Verlag angegliedert. 1927 richtete die Gesellschaft in Köln unter der Leitung von Peter Gonski eine Buchhandlung ein, der 1930 eine Filiale in Bonn am Martinsplatz 9, zwischen Münster und Universität, angeschlossen wurde. Die Bonner Gilde-Buchhandlung leitete Carl Kayser.

Als das katholische Unternehmen 1933 in erhebliche Schwierigkeiten geriet und Konkurs anmeldete, gelang es den Buchhändlern Gonski und Kayser, die Geschäfte in Köln und Bonn käuflich zu erwerben und auf diese Weise zwei christlich ausgerichtete Buchhandlungen zu erhalten.

Die Bonner Gilde-Buchhandlung dokumentierte durch von ihr veranstaltete Dichterlesungen deutlich ihre Gesinnung. Walter Dirks erinnert sich in seinen autobiographischen Texten: „Der singende Stotterer" an einen Vortrag mit dem Thema „Faschistische Lockung und antifaschistische Entscheidung", den er unter anderem auch in Bonn nach dem 30. Januar 1933 auf Einladung Carl Kaysers hielt.

Die wichtigsten von der Gilde-Buchhandlung veranstalteten Dichterlesungen während des Dritten Reiches waren die

Abende mit Gertrud von Le Fort (7. November 1934), Heinrich Lützeler (4. Dezember 1935), Waggerl (11. November 1935), Werner Bergengruen (4. Dezember 1936) und mit Gertrud Bäumer (27. April 1938). Der Vortrag der letztgenannten Rednerin stand unter dem Titel „Junge Germanen im christlichen Raum"; das Reizwort „Germanen" hatte wohl etliche nationalsozialistische Parteifreunde zu ihrer Teilnahme bewogen, sie sahen sich in ihren Erwartungen arg getäuscht. Und der Bonner Bürgerverein schickte einen deutlich warnenden Brief an Carl Kayser: „Wie wir Ihnen bereits fernmündlich mitteilten (,) hatten wir durch die Entgleisungen der Rednerin bei Ihrer Veranstaltung am Mittwoch, den 27. ds Mts. Unannehmlichkeiten seitens der Partei und haben wir uns selbstverständlich bei der Kreisleitung entschuldigt mit dem Hinweis, dass uns an dem Vorkommnis keine Schuld trifft.

Damit sich solche Fälle nicht wiederholen (,) ersuchen wir Sie ebenso dringend wie höflich in Zukunft bei Veranstaltungen allen polizeilichen Vorschriften zu genügen, sowohl in Ihrem wie auch in unserem Interesse."

Am 18. Oktober 1944, dem Tag des verheerenden Angriffs auf Bonn, wurden auch die Geschäftsräume der Gilde-Buchhandlung völlig zerstört. Am 1. Juni 1945 eröffnete Carl Kayser in einem kleinen Ladenlokal in der Poststraße 16, das er sich mit einem Schuhgeschäft teilte, wieder die Gilde-Buchhandlung. Die Schaufensterscheiben hatte er gegen Meßbücher bei einem Poppelsdorfer Gärtner, der das Glas zum Abdecken seiner Beete benutzte, getauscht. Das einzige Buch der ersten Dekoration stammte aus dem Privatbesitz des Buchhändlers. Da es so kurz nach Ende des Zweiten Weltkrieges kaum Bücher gab, zog Herr Kayser mit dem Handkarren in der Umgebung Bonns herum und kaufte aus Privatnachlässen Bücher auf, betrieb auch ganz kurzzeitig mit den geringen Beständen eine kleine Leihbücherei.

Im Jahre 1947 rief er die Bonner Bevölkerung mit einem Plakat auf, Bücher zu verkaufen: „Bücher, die Sie heute nicht unbedingt selbst brauchen, sollten Sie denen zugänglich machen, die sie zu ihrer Ausbildung und Berufsausübung benötigen. Bücherbesitz verpflichtet heute mehr denn je. Helft den aus dem Kriege heimgekehrten Studenten, denen es am notwendigsten wissenschaftlichen Rüstzeug fehlt, den Flüchtlingen und Fliegergeschädigten, die ihre Privatbüchereien verloren, den Schulen und Behörden, Seminaren und Instituten beim Wiederaufbau ihrer Fachbibliotheken.

Trennt Euch von den für Euch vielleicht entbehrlichen oder nutzlosen Büchern, die für andere noch brauchbar sein können.

Der Buchhandel ist der berufene Vermittler. Bietet sie gegen gute Bezahlung zum Ankauf an der Gilde-Buchhandlung Carl Kayser, Bonn, Poststraße 16".

Ein kleines Zubrot konnte Carl Kayser dadurch verdienen, daß er Kleinanzeigen annahm, die vom General-Anzeiger getippt wurden, und diese – gegen eine Provision des Zeitungsverlages – in seinem Schaufenster aushängte, denn gedruckte Zeitungen gab es nicht.

Aber bereits am 3. Dezember 1945 veranstaltete die Gilde-Buchhandlung in ihren Räumen eine Kunstausstellung, angeregt von der Fürstin Salm-Reifferscheid, begann bald wieder mit Dichterlesungen, und es fanden selbst Kammerkonzerte mit auswärtigen Künstlern in den Geschäftsräumen der Buchhandlung statt, als es in Bonn noch keine Konzertagentur gab.

1958 wurde die Gilde-Buchhandlung monatelang umgebaut, eine Schallplattenabteilung war hinzugekommen, die Kunstabteilung erhielt mehr Raum. 1978 fanden weitere bauliche Veränderungen statt, die erneut der Vergrößerung der Verkaufsfläche dienten.

Ein berühmter, ungeliebter Sohn

Wilhelm Schmidtbonn

„Wo in aller Welt ist ein Dichter, der wie er die Seele seiner Heimat erfaßte, ihrem Wesen Melodie gab, so daß seine Werke ein volltönendes Hohes Lied von eben dieser Heimat sind! Wo aber hat eine Heimat ihres Sohnes so vergessen wie bei Wilhelm Schmidtbonn, dem der heimatliche Rheinfluß zum ,Strome der Enttäuschungen' wurde!" Diese Anklage erhob Karl Lehmann im Schmidtbonn-Sonderheft, das die Düsseldorfer Theaterzeitschrift „Die Theaterwelt" zum 50. Geburtstag des Dichters im Februar 1926 erscheinen ließ.

Ähnlich äußerte sich Georg Biermann in der Festschrift „Chor um Schmidtbonn", die von Freunden des Dichters als Geburtstagsgeschenk gedacht war; auch Biermann kann den Rheinländern schwere Vorwürfe nicht ersparen: „Als man im vergangenen Jahre die Jahrtausendfeiern beging, ist Pathos in gesprochenen und geschriebenen Reden hundertfältig laut geworden, daß den Abseitigen bald Überdruß überkam vor all diesen Tiraden, die immer nur funkelten wie Seifenblasen in der Sonne. Habt ihr Rheinländer damals auch eurer Dichter gedacht? . . . Habt ihr damals etwa Wilhelm Schmidtbonn gerufen oder eure Theater für das Festspiel mit dem Werk eurer Dichter geöffnet?. . . Für Deutschland ist Wilhelm Schmidtbonn ein Dichter seiner Zeit, für seine engeren Landsleute – fürchte ich – ist er immer noch der große Unbekannte." Aber selbst in Deutschland war Schmidtbonns Ruhm Ende der zwanziger Jahre nicht mehr sehr groß, die Aufführungszahlen seiner Dramen und sein Bekanntheitsgrad nahmen ständig ab. „Was in diesem Ganzen die deutsche Bühne und mich selbst angeht, so warte ich ohne Klage und Anklage darauf, daß die deutsche Theaterkunst aus dem gegenwärtigen Barbarentum herausfindet. . . Inzwischen ist mein Trost für diese Jahre der Einsamkeit in Deutschland die Liebe, die mein Werk in Holland, in Amerika, vor allem und merkwürdig genug in Japan seit Jahren findet", schrieb Wilhelm Schmidtbonn 1926. Daß die deutschen Bühnen seine Stücke nicht mehr spielten oder gleich nach der Uraufführung absetzten, brachte Schmidtbonn in erhebliche finanzielle Schwierigkeiten. Schon 1920 findet sich in einem Brief die Bemerkung: „Die Müllkutscher erhalten 13 000 Mark im Jahr. Ich bin in Überlegung, ob es nicht besser wäre, Müllkutscher zu werden."

Auf die materiellen Entbehrungen des Dichters spielt auch Else Lasker-Schüler in ihrem, in Dialekt geschriebenen Geburtstagsbrief aus dem Jahre 1926 an, der in der literarischen Zeitschrift „Orplid" erschien.

„Lewer Willem! . . . on eck gratoleere Deck dotu, lewer Willem, on wönsch Deck völle Fröde on Gesondheet on een langet amusantet Lewen; hörste! Van die Reimeree han wir jo verdeck beede keng Kastemänneken erlebt, ewwer völle Ehre on Anerkennong, on dat ist ook wat wert, wat Geistleches, wenn man't ook nich freten kann . . . Wo steckst De dann eegentlich, Willem? Etwa op däm Hunsrück on trägst eenen Muhlkorb? Oder kehrst De en de Vogesen dän Schnee weg met däm Besen? Oder weilst De bei de Loreley on bricht Ding flammend Herz entzwei? Eck wees jedenfalls nich, wat söll et bedeuten on worömm eck so trureg bin, Du wackelst em Schaukelstuhle meck ömmer durch ming Sinn. . . Et waren einst schöne Tage, et waren einst schöne Tage! Dinne Fröndin."

Daß Schmidtbonn, wie Else Lasker-Schüler halb vorwurfsvoll, halb scherzend erwähnt, oft auch für Freunde unauffindbar war und sich bei ihnen nicht meldete, daß er unruhig von einem Ort zum anderen wanderte, das gehörte mit zu seinem Wesen, das es ihm und seinen Mitmenschen oft nicht einfach machte. Schon seine Mutter bekümmerte der junge Wilhelm durch seine Rastlosigkeit, seinen Widerwillen gegen alles Geregelte, Festgelegte.

Geboren wurde er als Wilhelm Schmidt am 6. Februar 1876 in Bonn in einem Haus am Markt, das damals zu den größten

Geschäften der Gegend gehörte. Der Vater war Kürschner und Pelzhändler, verkaufte aber auch Hüte und Schirme. Wilhelm wuchs in einer großen Geschwisterschar heran und bezeichnet sich selbst als wildes, ungestümes Kind, dem die Schule mit ihrem Zwang nicht behagen konnte. Da er eine recht beachtliche musikalische Begabung zeigte, erlaubte man ihm, den Besuch des Gymnasiums abzubrechen und das Konservatorium in Köln zu besuchen. Aber auch dort hielt es ihn nicht lange, und ein Versuch, das Abitur in Moers nachzuholen, scheiterte. Die früh verwitwete Mutter war besorgt um die Zukunft ihres Sohnes, und der Familienrat beschloß, ihn als Lehrling zu einem Buchhändler nach Gießen zu schicken. Der mittlerweile Zwanzigjährige aber, der sich als Dichter sah, hielt die eintönige Arbeit nicht lange aus, kündigte und schrieb in einem halben Jahr in Gießen sein erstes Schauspiel „Thomas, ein Lied", das er an den Bonner Professor Berthold Litzmann schickte. Der Gelehrte erschien ihm als der rechte Mann zur Beurteilung seines Werkes, da Litzmann als erster Germanist an einer deutschen Universität über noch lebende Autoren las. Der Sendung an den Professor legte Wilhelm Schmidtbonn einen flehenden, wilden Brief bei, der klar erkennen läßt, daß er eine Entscheidung über sein weiteres Leben dringend benötigte. Er schrieb: „Ich bitte Sie, meinem Werk eine freie Stunde zu schenken. Ich weiß nicht, ob es dies Geschenk verdient, denn Ihre Augen sind außer den meinen die ersten, die auf diesem Buche ruhen. Ich bin seit wenigen Tagen bereits Einundzwanzig alt, in dem Alter, da das Streben nicht mehr an sich selbst genug haben kann, wo das Leben rauh hineingreift: Erfolg oder Hand weg! Sagen Sie mir, ob das letztere für mich gelten soll. Und so bitte ich Sie, schreiben Sie mir ein Wort, ob mein Werk das verdient, was ich glaube. Wenn nicht, so werfen Sie alles ins Feuer und lachen über einen Narren. Sonst aber flehe ich, retten Sie mich!"

Litzmann ließ den jungen Schriftsteller zu sich kommen und überzeugte Mutter und Verwandte Schmidtbonns von dessen förderungswürdiger Begabung. Er ermöglichte ihm, in Bonn, Berlin und Zürich zu studieren. Doch nach einiger Zeit mußte Wilhelm Schmidtbonn, unruhig geworden, heraus aus den

Städten; er wanderte monatelang durch die Berge. „Ich geriet in Gefahr, mich ganz an die Berge zu verlieren, die Menschen der Städte und die Pflicht zu vergessen. Ich saß mit Leuten neuer Art, mit den Landstreichern, auf den Felsblöcken . . . Ich wurde mit zum Menschenverächter. . . Bald erkannte ich, wieviel Elend und seelische Krankheit sich unter der Maske dieser Freiheit verbarg. Wenigen traute ich die Kraft zu, sich zu retten, die meisten schienen mir dem Untergang geweiht. Zur rechten Zeit rief mich der Militärdienst aus diesem gefährlichen Leben zurück. Ich hätte ihn noch hinausschieben können. Aber ich zwang mich aus der völligen Ungebundenheit in die äußerste Ordnung, die es gab."

In Erinnerung an die Zeit des Herumstreifens mit den Landstreichern schrieb Schmidtbonn ein zweites Drama, das erste seiner Stücke, das aufgeführt werden sollte: „Mutter Landstraße". Am 14. Juni 1901 war am Königlichen Schauspielhaus in Dresden die Uraufführung; fast alle großen Bühnen Deutschlands nahmen sich des Schauspiels an, und Max Reinhardt wurde auf Schmidtbonn aufmerksam. „Mutter Landstraße" behandelt das Thema vom „verlorenen Sohn", der nach Jahren der Wanderschaft erwartet, daß der Vater ihn freudig wieder aufnimmt. Als dieser sich aber weigert und nur für die Frau und das Kind seines Sohnes sorgen will, versucht der Sohn vergeblich, sich sein angebliches Recht zu ertrotzen, um dann am Ende doch erneut dem Ruf der Landstraße zu gehorchen. Dieses der Neuromantik verpflichtete Drama, das aber auch naturalistische Züge aufweist, brachte dem jungen Autor den ersten meßbaren Publikumserfolg und sogleich die Erfahrung, daß die Zuschauer und die professionellen Kritiker fast nie einer Meinung sind: „Am Abend der Aufführung klatschten die Zuhörer sehr, während ihnen zu meiner Verwunderung zugleich die Tränen der Ergriffenheit aus den Augen liefen. Aber am nächsten Morgen stand der bisher gutmütige Kellner mit einem geringschätzigen Gesicht und vielen Zeitungen an meinem Bett. Das erste, was ich las, war: ‚Ein unglücklicher Tag für das Dresdner Hoftheater.' Die Zeitungen wußten nicht viel mehr zu sagen, als daß ich zu jung sei. Mit vierundzwanzig Jahren verdiente man damals noch nicht, aufgeführt zu werden.

Publikum und Bühne wurden scharf getadelt, wie sie an dem Werk eines so jungen Menschen Gefallen gefunden hatten."

In den folgenden Jahren schrieb Schmidtbonn Erzählungen, die im Rheinland spielen und in denen Dialekt gesprochen wird, die „Uferleute" (1903) und die „Raben" (1904), in denen er von kleinen, armen und leidenden Menschen erzählt. Diese rheinischen Geschichten waren herb und voller Mitleid und sozialem Engagement für die Menschen, von denen sie handeln; diese Qualitäten verhinderten den Erfolg eher als daß sie ihn förderten. In späteren Jahren, als Schmidtbonn ein arrivierter Schriftsteller war, lobten die Kritiker gerade diese Erzählungen sehr. Heinz Stolz schrieb 1920 in der Zeitschrift „Das neue Rheinland": „Man sieht den Rhein bei ihm nicht, wie man ihn auf Ansichtspostkarten und in Vergnügungsdampfer-Versen sieht. . . Auch die sieben Berge sehen tief hinein in seine Geschichten, und doch gibt es da keine Drachenfelsstimmung, keine Kegelklubpoesie rund um die Käte und ihren Karl Heinz. Nur der Rhein ist da wie ein grauer Streif am Horizont, eine Welle Ewigkeit am Rande der Zeit."

Berühmt wurde Wilhelm Schmidtbonn dann mit seinem dritten Stück (das zweite, „Die goldene Tür", entpuppte sich als ungeheurer Reinfall und erlebte nur eine von Zuschauerprotesten begleitete Uraufführung in München): „Der Graf von Gleichen", das er 1906/1907 verfaßte und das im Düsseldorfer Schauspielhaus am 3. Februar 1908 seine Uraufführung hatte. An diesem, von Louise Dumont und Gustav Lindemann geleiteten, Theater wirkte der Dichter von 1906 bis 1908 als Dramaturg, und gleichzeitig war er Herausgeber der Theaterzeitschrift „Die Masken".

Das Schauspiel basiert auf der alten thüringischen Erzählung von dem Grafen, der bei einem Kreuzzug gefangen und nach Jahren von einer Türkin befreit wird. Aus Dankbarkeit nimmt er sie mit in seine Heimat, erwirkt vom Papst die Erlaubnis, seine Retterin zu heiraten, obwohl er auf der Burg in Thüringen schon eine Ehefrau besitzt. Das Leben zu dritt soll friedlich verlaufen sein. Anders in Schmidtbonns Version! Hier verspricht der Graf der Türkin Naëmi die Ehe, ist aber entschlossen, sein Versprechen – mit Rücksicht auf seine Frau – nicht zu halten. Doch wieder daheim, hat er sich in das junge Mädchen verliebt und fordert von seiner leidenden Gattin Tolerierung seines Verhältnisses, obwohl ihm die Eheschließung mit Naëmi von der Kirche untersagt wird. Die Gräfin kämpft um ihren Mann und gesteht ihm sogar unter Qualen zu, die Rivalin mit in das Schlafzimmer zu bringen. Doch als Naëmi der Gräfin verzückt gesteht, sie erwarte ein Kind, kann die Ehefrau nicht länger ohnmächtig dulden: Sie ermordet die Türkin und bereut ihre Tat nicht. Aber der Graf verstößt seine Frau und reitet mit einem im Verlauf des Stückes immer wieder auftauchenden geheimnisvollen Knecht, der den Tod symbolisieren soll, davon.

Dieses Drama bot zumindest in den beiden Hauptgestalten der Gräfin und des Grafen zwei dankbare Rollen für ausdrucksstarke Schauspieler: Louise Dumont und Otto Stoeckel verkörperten sie in Düsseldorf, Tilla Durieux und Paul Wegener in Berlin.

In ihren Memoiren erinnert sich die Durieux: „Im Winter führte Reinhardt in den Kammerspielen ‚Graf von Gleichen‘ von Wilhelm Schmidt-Bonn auf. . . Die Rolle war in Versen geschrieben und sehr schwer. Paul [Cassirer] studierte mit mir und sprach mir mit seiner Stimme, die so seltsam klang, derart eindrucksvoll die schwierigsten Stellen vor, daß ich sie endlich bezwang. Nur an einem Satz scheiterte ich immer wieder, und das war der Schlußsatz des Stückes: ‚Und sollt es noch einmal geschehen, ich tät es noch einmal.‘ Nach meiner Abendvorstellung quälte mich Paul bis vier Uhr morgens mit diesem einzigen Satz. Ich weinte, wollte die Rolle abgeben, schrie, aber alles half nichts. Dabei konnte ich genau erfassen, was er wollte, aber es war mir nicht gegeben, es auszudrücken. Bis ich endlich gegen Morgen den richtigen Ton gefunden hatte und bei der Erstaufführung auch mit diesem Satz den Erfolg des Stückes festigte . . . die Rolle der Gräfin war groß und anstrengend."

Die Gräfin ist auch die tragende Gestalt des Stückes, und bereits 1907, also vor der Uraufführung, schlug die Cottasche Buchhandlung die Änderung des Titels in „Die Gräfin von Gleichen" vor. Die Begründung Siegfried Jacobsohns soll auszugsweise – wegen ihrer unsentimentalen, ehrlichen Bewertung des Dreiecksverhältnisses – zitiert werden: „Es ist tragisch für eine Frau, den einzigen Mann, den sie je geliebt hat. . . . auch nur zu einem Teil seiner allerphysischsten Männlichkeit zu verlieren . . . Die Gräfin fürchtet sich nicht, das dichte Netz sentimentaler Selbstbeschwindlungen und vorgetäuschter seelischer Kompliziertheiten, das von dem einfach sexuell abwechslungssüchtigen Grafen um sie gesponnen wird, zu zerreißen mit dem elementaren Aufschrei: ‚Mein Schoß verlangt nach Dir!‘ . . . Die Weibheit einer Frau soll mit Füßen getreten werden und bäumt sich mit ihrer letzten Kraft dagegen auf."

Alle weiteren Schauspiele Schmidtbonns konnten den Erfolg des „Grafen von Gleichen" nicht wiederholen, die Schwänke „Der spielende Eros", das Schauspiel „Der Geschlagene", das Lustspiel „Die Schauspieler" und die „Märchenkomödie" „Maruf, der tolle Lügner" erlebten aber noch eine beachtliche Anzahl von Aufführungen. Aber schon die Dramen „Der Pfarrer von Mainz" und „Dietrich von Bern" wurden nach der Uraufführung nicht mehr gespielt bzw. von keinem Theater mehr angenommen; seit 1933 führte keine deutsche Bühne mehr Schmidtbonn auf.

Da Wilhelm Schmidtbonn an Herzasthma litt und im warmen Süden leben mußte, obwohl er stets Heimweh nach dem Rhein hatte, wurde durch diesen Mißerfolg seine finanzielle Lage immer aussichtsloser; 1939 war er gezwungen, wegen Devisenmangels in die Heimat zurückzukehren, er ließ sich in Bad Godesberg nieder, wo er am 3. Juli 1952 starb.

Bereits 1935 hatte er die beiden Bücher geschrieben, in denen er seiner Heimatstadt, die er seinem Namen hinzugefügt hatte, um ihn aus den Tausenden von Schmidts, Schmitts und Schmitzens herauszuheben, ein Denkmal setzte: die Autobiographie „An einem Strom geboren" und den stark autobiographisch geprägten Roman „Der dreieckige Marktplatz", in denen sich seine unprätentiöse Erzählkunst entfaltet und die ihm auch heute noch, im Gegensatz zu seinen Dramen, seinen Platz als Schriftsteller sichern. Schmidtbonn zeigt darin, daß auch eine liebevolle Schilderung der Heimat nichts mit Schwulst und Süßlichkeit verbinden muß. Schmidtbonns Beschreibung einer typischen Marktszene in Bonn soll die Reihe der Skizzen aus seiner Geburtsstadt eröffnen: „Der große Platz war ganz bedeckt von den langen geregelten Reihen der Bäuerinnen, die mit weißen oder bunten Kopftüchern vor ihren Obst- und Gemüsekörben standen . . . Meine Mutter kannten sie alle, wie meine Mutter eine jede von ihnen. Der Einkauf ging so vonstatten: ‚Jode Morje, Madame!' ‚Jode Morje!' ‚Wie jeht et Madame? Immer jod? Schön Wedder heut! Wat es mit enem frische Kopfsalat? Lurt ens här!' Meine Mutter nahm einen Kopf in die Hand, drehte ihn um, befühlte ihn zögernd. ‚Wat? Es dat nit ene schöne Salat? Om janze Maat find Ihr keene schönere.' ‚Klein.' ‚Wat? Klein?' Nun hob es an wie bei Homer. Beteuerungen, Verwünschungen, Anrufe des Himmels. Andere Bäuerinnen mischten sich ein, unter Zurufen und Gelächter."

Natürlich darf bei den Erinnerungen an Bonn nicht der Karneval fehlen, den der junge Schmidtbonn – privilegiert durch die Lage seines Elternhauses am Markt – jedes Jahr aus größter Nähe in allen seinen Aufzügen und Veranstaltungen anschauen und miterleben konnte: „Am Samstagabend begann der eigentliche ‚Fastelovend'. Ein Musikkorps Pfeifer und Trommler, dahinter ein halbes Hundert Musikanten zu Pferde mit Trompeten, die den Zapfenstreich durch alle Gassen schmettern ließen. Die Musikanten trugen die Uniform der alten Stadtsoldaten, die schon vor mehreren Geschlechtern verschwunden waren: blauen Frack mit langen spitzen Schößen, gelbe Weste, weiße Hosen, weiße Gamaschen, auf dem Kopf den Dreispitz aus schwarzem Filz mit hölzernem Löffel und hölzerner Gabel an der Seite, die weiße Perücke aus Watte gleich an den Hutrand geklebt und hinten das Wattezöpfchen, schwarz umwickelt. Eine Verspottung des alten Zopfmilitärs noch nach hundert Jahren! . . . Eindrucksvoll war nach dem schon etwas ausschweifenden Dienstag der Gegensatz, den der Aschermittwoch brachte. Noch zogen im Morgengrauen die letzten vereinzelten Masken durch die Straßen und verfolgten die Frauen, ihre Gesichter sahen im Frühlicht des Tages gespenstisch aus. Aber sie begegneten sich bereits mit den ersten Scharen der wieder alltäglich gekleideten ernsten Kirchgänger."

Schmidtbonn hat sich stets nach Bonn, vor allem nach dem Rhein gesehnt, obwohl ihn zuerst seine Unruhe durch die Lande trieb, später ihn Krankheit zwang, im Süden zu leben. Aber das Heimweh, das Verlangen nach der Geburtsstadt, hat ihn nie verlassen: „Plötzlich, in einer Sekunde des Nachts, aus einem Traum aufwachend, überkam mich das Verlangen nach meiner Heimat, nach Weinbergen, Rhein, Schiffen, Verwandten, Freunden. Nach den Bäumen dort, Buchen, Kastanien, Efeu."

Als ihn dann, wie bereits erwähnt, widrige Umstände zwangen, wieder am Rhein zu wohnen, wurde ihm das Glück zuteil, einen ihm angemessenen Platz zu finden: „Weiß hinter roter Ziegelmauer steht in Godesberg am Ufer ein Haus, Mauer und Haus so von wildem Wein umwuchert, daß die Mauer im Sommer völlig verschwindet und vom Haus gerade noch die Fenster heraussehen. Die Natur hat dieses leere Haus gleichsam nur halb hergegeben. Schon als Knabe hatte ich zu diesem Haus emporgeschaut und mir gewünscht, einmal dort zu wohnen. Als ich Frau und Kind daran vorbeiführte, fanden wir die Läden geschlossen und ein Vermietschild am Gartentor. Da war es, als ob ich mein ganzes Leben auf dieses Haus gewartet hätte."

Schmidtbonn liebte dieses Haus, weil es am Rheinufer stand, weil er von den Fenstern und vom Balkon aus, den Strom beobachten konnte: „Nun rauschte mir der Strom mitten durchs Herz. Ich hörte ihn in der Nacht, selbst wenn Fenster und Läden geschlossen waren. Das war wirklich der Vater Rhein, der von meinen fernen Bergen kommt und zu meinem Meere geht. Ich war geborgen wie an einer treuen Brust. Ich wurde eins mit dem Wasser, keine Welle durfte hinunter, die ich nicht sah. Ich hielt es nicht einmal lange im Garten hinter dem Hause aus, weil dort Strom und Schiffe unsichtbar waren und ich doch keine Minute versäumen mochte, ihnen mit den Augen zu folgen."

Die Rheinische Friedrich-Wilhelms-Universität verlieh Schmidtbonn 1936 die Ehrendoktorwürde, 1941 erhielt er den Rheinischen Literaturpreis, und 1949 wurde er in die Akademie der Wissenschaften und der Literatur in Mainz aufgenommen; doch denken wir an Else Lasker-Schülers Geburtstagsbrief: „. . . ewwer völle Ehre on Anerkennong, on dat is ook wat wert, wat Geistleches, wenn man't ook nich freten kann."

Wilhelm Schmidtbonn war ein enorm fleißiger Schriftsteller, er schrieb sechzehn Dramen, sieben Romane, Novellen,

Gedichte, Legenden und gab eine Märchensammlung heraus –
den entscheidenden Durchbruch zum Ruhm hat er nie geschafft,
der – auch materielle – große Erfolg blieb ihm versagt. Er hat
kein glückliches, kein friedliches Leben gehabt, aber er war stets
voller Hoffnung, begeisterungsfähig und bereit zu neuen Anfängen: „Wir Menschen wissen nichts. Dies nur: sein Glück
anpacken, mit der Hand umgreifen, in die geraden Augen
sehen, so lang' es vergönnt ist: Dies nur können wir", schrieb er
in einem Gedicht, das er seiner Frau Liese widmete.

„Ein provinzielles Nest" oder „Bonn, geliebte Stadt"

Die Bundeshauptstadt im Roman

„In Bonn, dachte er mit einem unhörbaren Seufzer . . . sind sogar die Fliegen beamtet" – diese wenig schmeichelhafte Aussage über die Hauptstadt der Bundesrepublik kann man ganz zu Beginn des Thrillers „Eine kleine Stadt in Deutschland" von John le Carré lesen, der damit seine Vorstellung von der langweiligen Stadt am Rhein sehr knapp und konzentriert darbietet.

Es ist erstaunlich, daß eine Stadt, der Heinrich Böll „schläfrige Reize" zugesteht, dennoch recht häufig zum Handlungsort von Romanen unterschiedlichsten Genres wird, wobei sich die geschilderten Örtlichkeiten Bonns im wesentlichen gleichen, die Interpretation des Beschriebenen aber entschieden variiert.

Die Begeisterung eines Besuchers von 1819 – „Es giebt Städte, wo sich, sobald man ihrer ansichtig wird, in unseren Herzen der Wunsch regt: da möchtest du wol dein Lebe lang wohnen. Unter diese gehört Bonn am Rhein" – findet sich kaum in einem der hier zur Sprache kommenden Texte wieder. Wilhelm Schmidtbonn allerdings setzt seiner Geburtsstadt in seinem Roman „Der dreieckige Marktplatz" ein anmutiges Denkmal; er beschreibt liebevoll das Bonn des ausgehenden 19. Jahrhunderts, als es noch kleinstädtisch und rheinisch-gemütlich war. „Die Stadt Bonn hat einen großen Marktplatz. Wer an einem Ende ruft, wird am andern nicht gehört. Am auffälligsten aber ist die dreieckige Form des Platzes . . . Sommerabends stellten die Bewohner der Häuser Stühle und kleine Bänke vor die Ladentür, saßen da und ließen die Sterne über ihren Köpfen aufziehen. Man rief sich Scherze zu von Tür zu Tür. Man träumte und schlief ein . . . Da die Stadt in zwei Jahrtausenden viele Male belagert, ausgehungert, in Trümmer geschossen, erstürmt und geplündert worden war, hatte der Platz wohl das Recht, ein bißchen verträumt zu sein und mit halb zusinkenden Augen der Vergangenheit nachzudenken, zumal wenn der Geruch der Weinberge betäubend in die Straßen wehte." Die Universität, die im ehemaligen Barockschloß eingerichtet ist, die „helle Kette von Gebäuden", wird als Schmuckstück der Stadt gefeiert. „Das eine Ende des Schlosses tauchte in eine vierfache Allee von Kastanienbäumen, so lang wie das Schloß selbst, fast eine Viertelstunde. Die hellen Kleider der jungen Mädchen und die bunten Mützen der Studenten bewegten sich unter dem Grün. Am Ausgang dieser Allee stand wieder ein weißes Schloß, mit Kuppeln, Wassergräben, Eisentoren und Brücken. . . Das andere Ende der Hochschule gipfelte in einer Bastion, rot gemauert, hoch über dem Rhein. Hier standen die Studenten – von denen mit jedem halben Jahr neue Zweitausend kamen – zum erstenmal und sahen ergriffen auf den Sagenstrom der Deutschen hinaus. In der Mitte, einer weiten Wiese zugewandt, blitzte in ihrer Nische, vor Regen aber nicht vor Sonne geschützt, die kleine Gestalt einer Muttergottes. . ."

Lediglich noch Felix Huch („Der junge Beethoven", 1927) schildert die Stadt als Idylle, was wohl wiederum daran liegen mag, daß auch sein Beethoven-Roman das alte Bonn beschreibt; die anderen Autoren, die betrachtet werden sollen, widmen sich der Stadt im 20. Jahrhundert.

Bei Huch gerät die Zeichnung des Marktplatzes im Schnee zum Bild des Entzückens: „Aus der Bonngasse bogen sie zum Marktplatz ein, den der Schnee mit einer blendenden Decke überzogen hatte . . . Die Häuser, die eng aneinandergedrängt den Markt umsäumten, ragten heute mit schneeschimmernden Dächern in den blauen Himmel hinein. Ihre spitzen oder geschwungenen Giebel hatten unter der Schneelast phantastische Formen angenommen. Und im Hintergrunde das Rathaus mit seiner schönen Freitreppe, welch hübschen Abschluß gab das heute dem ganzen Bilde!"

Diese Postkartenidylle gleicht in keiner Weise mehr dem nächtlichen Marktplatz, der für eine politische Demonstration Ende der sechziger Jahre vorbereitet wird, statt des reizenden Anblicks bietet sich dem Betrachter eine gespenstische und kalte Szenerie dar. „Unmittelbar vor ihnen standen die leeren Marktbuden, aufgereiht wie Betten in einer Soldatenbaracke. Wie eine Bergkette reckten sich die spitzen Giebel der Lebkuchenhäuschen in den heller werdenden Himmel. Aber de Lisle und Turner schauten den Hügel hinauf auf das einzelne rosafarbene und graue Gebäude, das den ganzen Platz beherrschte. Leitern lehnten an den Mauern. Der Balkon war mit schwarzen Stoffgirlanden geschmückt. Auf dem Kopfsteinpflaster davor war eine Reihe von Mercedes-Wagen geparkt. Links davon, vor einer Apotheke, von einem Dutzend Scheinwerfer angestrahlt, erhob sich ein weißes Gerüst mit den Umrissen eines mittelalterlichen Festungsturms. Seine Spitze ragte bis an die Dachfenster des benachbarten Hauses. Die riesigen Beine, nackt wie im Dunkeln gewachsene Pflanzenwurzeln, spreizten sich obszön über ihre eigenen schwarzen Schatten."

Die spitzgiebeligen „Lebkuchenhäuschen" – bei Huch unverzichtbarer Bestandteil des Marktplatzes – wirken im Text von le Carré anachronistisch, fehl am Platz und verstärken durch ihre vordergründige Heimeligkeit das Unheimliche des Geschehens. In einer der letzten Sequenzen seiner Spionagegeschichte, die auf dem Bonner Marktplatz mit dem Tod des flüchtigen Agenten endet, betont der Autor erneut deutlich den Aspekt der Unvereinbarkeit der ‚hübschen' Kulisse mit den sich vor ihr abspielenden Ereignisse. „Von den Stufen konnte man den ganzen Platz überblicken. Der Nachmittag war der Dämmerung gewichen. Im Widerschein der siegreichen Tiefstrahler waren die zahllosen Gesichter der Menge helle Flecken, die wie weiße Scheiben auf einer schwarzen See trieben. Häuser, Geschäfte, Kinos waren jetzt in Finsternis gehüllt. Nur ihre Giebel blieben noch sichtbar, eine Märchenkulisse, in den dunklen Himmel geschnitzt, und das war der zweite Traum, Hoffmanns Erzählungen, eine Welt der Trugbilder, eine Holzschnittwelt für deutsche Kinder, die nicht erwachsen werden sollten . . . Auf der untersten Stufe warteten die Geheimpolizisten, mit dem

Rücken gegen die Engländer, die Hände in den Taschen, schwarz abgehoben von dem Dunstschleier."

Die Diskrepanz zwischen dem äußeren Schein einer liebenswerten, doch provinziellen Stadt und dem Anspruch der Metropole wird in den Texten, in denen die Hauptstadt Bonn als Provisorium angesehen und abgelehnt wird, besonders betont. „Allein die Wahl Bonns als Wartesaal für Berlin war immer schon eine Ungereimtheit, jetzt ist sie ein Mißbrauch. Wohl kein anderes Volk als die Deutschen hätte es fertiggebracht, einen Kanzler zu wählen und ihm dann die Hauptstadt vor die Tür zu bringen", spöttelt John le Carré, und er unkt: „Vielleicht werden sie eines Tages alle nach Berlin übersiedeln; von dieser Möglichkeit wird sogar in Bonn gelegentlich gesprochen. Vielleicht wird eines Tages das ganze graue Gebirge über die Autobahn davonschlüpfen und sich in aller Stille auf den feuchten Parkplätzen vor dem ausgebrannten Reichstag niederlassen. Bis das geschieht, werden diese Betonzelte nicht abgebrochen, diskret provisorisch aus Achtung vor dem Traum, diskret permanent aus Achtung vor der Wirklichkeit."

Bei Wolfgang Koeppen („Das Treibhaus") heißt es über den Polizisten am Bonner Bahnhof: „Ein Schutzmann spielte Schutzmann in Berlin am Potsdamer Platz. Er gab die Bonner Straße frei." Beim Vergleich mit Berlin, mit dem alten Berlin, muß das mehr oder minder zufällig zur Hauptstadt gekürte Bonn schlecht abschneiden. Daß man Bonn mit einer derartigen Bewertung Unrecht tut, läßt Böll deutlich zur Sprache kommen, der Clown Hans Schnier hält nichts von falschen Ansprüchen an seine Heimatstadt: „Sie lächeln alle so verquält ironisch über Bonn. Ich verstehe dieses Getue nicht. Wenn eine Frau, deren Reiz ihre Schläfrigkeit ist, anfinge, plötzlich wie eine Wilde Can-Can zu tanzen, so könnte man nur annehmen, daß sie gedopt wäre – aber eine ganze Stadt zu dopen, das gelingt ihnen nicht. Eine gute alte Tante kann einem beibringen, wie man Pullover strickt, Deckchen häkelt und Sherry serviert – ich würde doch nicht von ihr erwarten, daß sie mir einen zweistündigen, geistreichen und verständnisvollen Vortrag über Homosexualität hält oder plötzlich in den Nutten-Jargon verfällt, den alle in

Bonn so schmerzlich vermissen. Falsche Erwartungen, falsche Scham, falsche Spekulation auf Widernatürliches."

Michael Horbachs Roman „Die Kanzlerreise", ein politisches Intrigenstück mit kaum verschleierten Anspielungen auf Bonner Prominenz, schildert die beklemmende, negative Atmosphäre einer kleinen Stadt mit einer zu großen Aufgabe. Als Beispiel mag die abwertende Zeichnung des Marktplatzes dienen, der schon le Carré nicht geheuer erschien. „Er war voller Euphorie. Die ließ er sich auch nicht nehmen, als sie den Markt erreichten. Dunkelheit hing diesig über dem alten, kleinstädtischen Platz. Der Fahrer fuhr in die Fußgängerzone. Die Laternen malten blasse Lichtinseln. Mahnend ragte der Obelisk des Marktbrunnens auf, in dessen Schatten die Bonner noch bis ins 17. Jahrhundert ihre Übeltäter geköpft und geviertelt hatten. Ein paar Passanten huschten vorbei, dem wirbelnden Schnee trotzend. Die Leuchtreklamen der beiden Kinos wirkten wie die Funzeln eines Rummelplatzes, nachdem sich die Besucher verlaufen haben. Papierfetzen fegten mit dem Schnee über das Pflaster. Hinten, am Imbißstand, lehnten sich zwei Betrunkene gegen den Sog des Windes, stopften sich heiße Fritten und Würste in die manschenden Mäuler, lallten mit vollen Backen. ‚Das ist Bonn‘, sagte der General. ‚Immer gewesen‘, erinnerte ihn Müller zwei. ‚Scheißnest.‘"

So eng und provinziell die Stadt geschildert wird, so kleinstädtisch und borniert auch ihre prominenten Bewohner; in seinem früheren Roman „Gestern war der Jüngste Tag" beklagt Horbach die Entwicklung Bonns zum Regierungssitz, zur Hauptstadt der Intrige und Heuchelei. Seine wehmütigen Erinnerungen an die moralisch besseren, weil wirtschaftlich schlechteren, Zeiten vermögen allerdings nicht sehr zu überzeugen, der Vergleich zwischen ‚damals‘ und ‚heute‘ wirkt unehrlich und sentimental. „Es war kurz vor acht. Die Glocken läuteten zum Bittgottesdienst. Es hatte wieder geregnet, und das Licht der Laternen funkelte auf der nassen Straße . . . Die Fotografen hatten sich neben dem Hauptportal aufgestellt, um die Prominenten zu knipsen, wenn sie in das Münster pilgerten. Sie wollten für die armen Ungarn beten. Grotius dachte in diesem Augenblick an die erste Messe nach dem Krieg, die er

hier besucht hatte . . . Die Männer trugen umgeänderte Militär-
mäntel und die Frauen Kopftücher, und der Bischof hatte Gott
gebeten, die Menschen vom Hunger zu erlösen. Damals war
auch der Bischof zu Fuß in die Messe gekommen. Heute fuhr er
im Mercedes 300 vor. Damals waren die Honoratioren der Stadt
mit Fahrrädern gekommen, die sie am Gitter des Domgartens
anketteten. Heute kamen sie in schwarzen Limousinen. Damals
waren ihre Frauen bescheidene, graue Weiblein, heute waren es
elegante Damen, deren Garderobe von der Königsallee in
Düsseldorf stammte."

Es fällt auf, daß alle Autoren, die Bonn übel wollen, ihre
Handlung bei ausgesprochen schlechtem Wetter spielen lassen:
es regnet, ist naß-kalt, es schneit, oder es ist unerträglich
dunstig. Kurz nach Einsetzen der eigentlichen Handlung steht
im Thriller von le Carré der lapidare Satz: „Das Wetter war
fürchterlich."

Das Bonner Klima, allseits berühmt-berüchtigt, erscheint
ohnehin als ein Thema, dem keiner der Texte ausweichen kann.
Das Klima, das alle Bewohner und Besucher der Stadt erdulden,
ertragen, erleiden müssen, das einzig Gemeinsame in dieser
uneinheitlichen und unsympathischen Stadt, wenn man Günter
Grass glauben schenken will: „Bonn (als Begriff und Stadt)
bleibt unfaßbar. Wo ansetzen? Die Universität dünkelt für sich.
Hinter Butzenscheiben giften Pensionäre. Mit ihren zwei
Hemden zum Wechseln reisen Parlamentarier an. Überall
Zweigstellen und Deckadressen. Und durch diese Ansammlung
zieht die Bundesbahn ihren Strich: zumeist geschlossene
Schranken . . . Es gibt kein Regierungsviertel, sondern boshaft
verstreute Regierungsachtzehntel. Nur das Klima eint Bonn."

Wolfgang Koeppen spricht von der „Unterdruckkammer für
das Herz". Das ungesunde Klima Bonns ist mit einer der Gründe
für den Titel seines Bonn-Romans „Das Treibhaus": „Er ging
auf die Terrasse. Er setzte sich an den Rhein. Vier Kellner
beobachteten ihn. Dunst. Gewitterdunst. Treibhausluft. Son-
nenglast. Die Fenster des Treibhauses waren schlecht geputzt;
die Lüftung funktionierte nicht. Er saß in einem Vakuum,
dunstumgeben, himmelüberwölkt."

„Die Luft war nicht gut, die rheinische Luft war selten gut, und zum tiefen Einatmen eignete sie sich schon gar nicht", schreibt auch Caroline Muhr in „Huberts Reise". Über das Bonner Klima, die „rheinische Luft" reflektiert dann ebenso die Ich-Erzählerin Ruth im Frauenroman „Freundinnen" derselben Autorin. Aber Ruth entdeckt in den klimatischen Bedingungen, die in Bonn herrschen, entschiedene Vorteile für Menschen mit einem gewissen Phlegma: „Eigentlich wäre ich lieber in Bonn geblieben, obwohl die Luft dort feuchter ist. Es ist schon so viel über diese berüchtigte Luft gesagt und geschrieben worden, daß ich mir die Beschreibung ihrer nachteiligen Wirkungen auf das Kreislaufsystem und den menschlichen Schaffensdrang ersparen kann. Ich halte sowieso nicht viel vom menschlichen Schaffensdrang . . . Ich wäre viel lieber im Rheinland geblieben. Das Rheinland hatte meistens einen sanften, grauen Himmel, einen etwas einschläfernden Himmel, der zum Nichtstun überredete."

Heinrich Böll läßt seinen Clown vom „Rentnerklima" reden, im großen und ganzen glaubt Hans Schnier jedoch an die wohltuende Wirkung der Bonner Luft – in großen Abständen, wie er auch mit dem Aussehen seiner Geburtsstadt, die er sporadisch zwischen seinen Engagements aufsucht, ganz zufrieden ist: „Bevor ich Leo anzurufen versuchte, humpelte ich auf den Balkon, um einen Blick auf meine Heimatstadt zu werfen. Die Stadt ist wirklich hübsch: das Münster, die Dächer des ehemaligen kurfürstlichen Schlosses, das Beethovendenkmal, der kleine Markt und der Hofgarten. Bonns Schicksal ist es, daß man ihm sein Schicksal nicht glaubt. Ich atmete in vollen Zügen oben auf meinem Balkon die Bonner Luft, die mir überraschenderweise wohltat: als Luftveränderung kann Bonn für Stunden Wunder wirken." Nun ist Böll aber ohnehin der Stadt, in der der Clown Hans Schnier geboren wurde, in der er aber nie auftritt, freundlich gesonnen. Gleiches gilt von Wilhelm Schmidtbonn, dem es gelingt, das frühherbstliche Klima am Rhein mit seinen viel zu milden Tagen verlockend darzustellen: „Ein September-tag in Bonn von jener verhangenen Bläue, die es nur über dieser Stadt zu geben scheint und die ebensogut vom Himmel nieder – als vom Rhein aufsteigen kann. Der blaue Schleier trennt die Stadt wie eine Insel von der übrigen Welt. Die Alleen führen unmittelbar in den Azur. In manche Melodie des späteren Beethoven muß die Erinnerung an solche Tage hineingekommen sein. Die Luft roch zugleich nach Eifelheide, nach Weinbergen und, in diesem letzten Jahrzehnt des Jahrhunderts, auch ein bißchen schon nach dem Rauch der Dampfschiffe und der Fabrikschornsteine, die näher rückten."

Nur der Rhein bei Bonn erfährt bei allen hier zitierten Autoren eine positive Behandlung, sein Anblick versöhnt auch die kritischsten Betrachter. Selbst Keetenheuve, der Protagonist in Koeppens Roman, bezeichnet den Fluß als „mächtig" und „breit", und der Regenbogen, der sich über dem Rhein spannt, ist ein, wenn auch noch so trügerisches, Zeichen der Hoffnung: „Über dem Rhein war ein Regenbogen erschienen. Er spannte sich von Godesberg, von Mehlem, vom Haus der Amerikaner hinüber nach Beuel, wo er neben der Brücke hinter einer Mauer verschwand, auf der das Wort *Rheinlust* geschrieben stand. Der Regenbogen hing wie Aufstieg und Abstieg einer Himmelsleiter über dem Strom, und es war leicht, sich vorzustellen, daß Engel über das Wasser gingen und Gott nahe war. Bedeutete der Regenbogen Versöhnung, bedeutete er Frieden, brachte er Freundlichkeit?"

Bei Caroline Muhr wiegt der Rhein die ganze Stadt auf; die unzufriedene, von Mann und Kindern überforderte Ruth im Roman „Freundinnen" erfährt bei ihren Gängen am Fluß entlang Beruhigung und Freude: „Etwas anderes kam mir zu Hilfe: der Rhein. Die langen Spaziergänge an seinen Ufern gegenüber dem Siebengebirge wurden meine Therapie. Die Kinder liefen vor, neben und hinter mir her, aber sie wurden von den vorbeiziehenden Schleppern und Schiffen abgelenkt und vergaßen, sich wie üblich zu streiten. Oder ich hörte sie einfach nicht mehr. Manchmal versetzten mich das Tuckern der Schlepper, ein feuchtwarmer Wind, die grausilberne, wie ein Fließband sich bewegende Wassermasse in eine Trance . . . Ich weiß, es gibt immer noch Leute, die Bonn ein provinzielles Nest nennen. Diese Leute haben den Strom nicht gesehen. Sie sind blind für den Strom. Sie wissen nur, daß er verseucht ist und die Fische in ihm sterben. Aber sie sind blind für sein großräumiges Vorüberziehen, für den herrlichen Gleichmut dieses Vorüberziehens, der mehr als jedes hektische Großstadttreiben das eigene Schicksal nicht mehr ganz so wichtig erscheinen läßt."

Und der Leser merkt die Freude, den Spaß, den Ruth empfindet, wenn sie von dem Schauspiel berichtet, das das Rheinhochwasser jährlich veranstaltet, diese Miniaturausgabe der Naturgewalt, die die Bonner Bevölkerung mit Kirmesgefühlen erfüllt. „Diese Leute wissen auch das Spektakel nicht richtig zu würdigen, wenn der Strom, meist zur Karnevalszeit, bedächtig über die Ufer tritt, an Böschungen, Bänken, Steintreppen, Laternenpfählen leckt und Menschen in ihren Kellern pumpen und lamentieren läßt. Die, deren Keller nicht vom Wasser bedroht sind, ganze Familien mit Kindern und Hunden, mit Säuglingen in Tragetaschen, wandern dann abends bis zu den überfluteten Wiesen und Promenaden und Straßen. Mit freudiger Erregung in den Gesichtern sehen sie auf die wild gewordene Wasserfläche, aus der die Kronen der Bäume herausragen, an denen man sonst vorbeispazierte. Man ist stolz auf seinen Strom, daß er so mächtig ist, daß er Laternen und Straßenschilder verschlingt, daß er die Feuerwehr in Bewegung bringt, daß das andere Ufer so ungeheuer fern ist. Man kostet den Ernst der Lage aus, weil man selber nicht betroffen ist. Aus dem Spaziergang wird, da man nun einmal zu so vielen ist, eine Art rheinischer Volksbelustigung. Jeder spricht mit jedem. Man wundert sich, daß keine Würstchenbuden aufgeschlagen werden."

In Felix Huchs Roman „Der junge Beethoven" führt der Anblick des Rheins vom Kreuzberg aus bei dem sich verabschiedenden jungen Musiker zu einer emphatischen Liebeserklärung an Bonn: „In ungeheurem Bogen dehnte sich silbern der Rhein, hinab in die Ebene, bis er sich am Horizont in zartem Nebel verlor. In flammendem Rot standen die Weinberge; überall, wohin das Auge blickte, ein Rausch von Gelb und Rot und Gold. Lange stand Ludwig, versunken in den Anblick seiner schönen Heimat; und das Gefühl, daß er morgen um diese Zeit schon weit weit fort sein würde, krampfte sein Herz zusammen. – ‚Bonn, geliebte Stadt, in der ich groß geworden bin! Wie wirst du mir fehlen in der Fremde! Wie werd ich mich nach dir sehnen! Nach deinen vertrauten Gassen, nach deinen Türmen, nach dem

Klang deiner Glocken!'" Man bedenke, daß nach der Meinung Bölls diese Stadt keine Übertreibung verträgt!

Die Unterhaltungsromane der Bonner Schriftstellerin Alexandra Cordes, die häufig in einigen Episoden in Bonn spielen, nehmen die Stadt als notwendige Kulisse für das erzählte Geschehen; es finden sich die Namen von Straßen und Gebäuden, doch Reflexion über Bonn als Stadt, als Hauptstadt der Bundesrepublik, als Schauplatz der beschriebenen Ereignisse, über die Wirkung dieser Stadt auf die Protagonisten findet nicht statt – ein typisches Merkmal für spannende, gut und leicht lesbar geschriebene Romane, denen es vor allem auf ihre Personen und deren Erlebnisse ankommt? Einige Beispiele mögen genügen, so heißt es etwa in dem Roman „Wenn die Drachen steigen": „Mein Vater war an diesem Tag sehr guter Laune; es schien ihm Spaß zu machen, mich einzukleiden, obwohl mir all diese Geldausgaben ungeheuerlich erschienen. Er mietete sogar eine Pferdedroschke vor dem Bahnhof, der von der gleichen Ochsenblutfarbe wie das Haus des Herrenschneiders war – und ließ uns alle Sehenswürdigkeiten der Stadt von dem Kutscher erklären. Der arme Mann bemühte sich, hochdeutsch zu sprechen, was sehr drollig klang, so zum Beispiel wurde aus dem Botanischen Garten der ‚Botanige'. Wir bewunderten die exotischen Bäume und trabten rund um die Poppelsdorfer Allee, vorbei an dem gelbleuchtenden Schloß, in dem einst der Kurfürst residiert hatte. Der Kutscher zeigte uns den Hofgarten und die Universität und die prachtvolle Koblenzer Straße bis hinauf zum Museum König und dem Palais Schaumburg, später auch Zoubkoff-Villa genannt."

Man präsentiert dem Leser die Lokalitäten, aber letztlich ist es egal, in welcher Stadt das Geschehen abrollt – zufällig ist die Rede von Bonn.

Einen ähnlichen Stellenwert haben die Ortsbeschreibungen in dem Cordes-Roman „Frag nie nach dem Ende", dem letzten Teil einer Romantrilogie, die hauptsächlich in Straßburg und Bonn spielt. Die Protagonistin Christine Schwarzenburg erlebt als alte Frau das aufstrebende Bonn der fünfziger Jahre: „Sie schritt rascher aus, das tat gut, bewegte das Blut, und erreichte bald den Kaiserplatz. Da standen die Kastanien wie eh und je.

Unter ihnen hatten Anna und Lilli beim jährlichen Sommerfest der Universität getanzt. Lange vor dem Krieg. Und Friedel danach. Linden dufteten hier süß im Frühjahr, denn der Hofgarten war nah und der alte Zoll mit dem Blick auf den Rhein und die neue Brücke." Oder: „Frühling in Bonn konnte ebenso frisch und jäh und vielversprechend anbrechen wie anderswo. Frühling in Bonn, wo es die Alleen und Parks gab, die grüne Gronau, den grünen Venusberg, konnte wahrhaft herrlich sein, wenn man keine Fragen stellte . . . Am Rheinufer lag ein Schiff, wo man bei rosigem Seidenlampenschein dinieren konnte, und auf der ‚Kasselsruh' spielte Charly Leger mittwochs im Freien zum Tanz auf. Die Kaiserhalle war neu erbaut, und man konnte unter den weitausladenden schattigen Kastanien auf der Terrasse sitzen und zusehen, wie Studenten aus lauter Übermut in den Brunnen gegenüber sprangen."

Als nicht unsympathisch, aber blaß könnte man Alexandra Cordes' Bonn-Schilderung bezeichnen, aber die Stadt spielt – wie schon gesagt – die untergeordnete Rolle der Szenerie für Christine Schwarzenburg, geborene Welsch, und ihre Mitakteure; also sollte man auch den Romanen nicht mit überflüssigen, unnötigen Ansprüchen begegnen.

Daß auch ein Text, der mehr als das Anliegen der gelungenen Unterhaltung vertritt und – deshalb? – Bonn negativ beschreibt, ganz im Vordergründigen steckenbleiben kann, zeigt Manfred Essers Roman „Duell", der das tragische Schicksal eines Studenten, der aus der DDR geflohen ist und Ende der 50er Jahre in Bonn lebt, zum Thema hat. Seine Beschreibung der erwachenden Stadt könnte auf fast jede andere Stadt am frühen Morgen übertragen werden: „Bonn war wach. Ich ging durch die morgendlichen Straßen, über den Platz, über den Markt. Man fegt den Dreck in die Gosse. Müde Mädchen . . . Ich sah am Morgen, wie die Bürgersteige Bonns von den Anliegern gekehrt wurden, wie Leute zu Arbeitsplätzen hasteten. Ich ging am Münster vorbei durch zwei enge lebendige Straßen zum Bahnhof." Und etwas freundlicher im Ton, aber nichtsdestoweniger vage: „Das Sonnenlicht auf dem Fluß blendete mich. Es war schwierig, den Rhein herauf zu sehen. Gegen die Sieben Berge hin. Der Rasen im Hofgarten, über den Amseln und Hunde sprangen, war frischgrün. Schattenmuster in den Sandwegen. Auf den Bänken sonnten sich Studenten und Bürger. Musik war da, vom Kaiserplatz her, ein Drehorgellied, ohne Text. Ich notierte alles Leben."

Bonn im Roman, Bonn in der Sicht der Schriftsteller – ist es möglich, zu einem Resümee zu kommen? Eine Stadt, deren Bedeutung dermaßen schwankt: „Keiner kann in Bonn sein, ohne die Stadt zu lieben." (Alfred Kerr)

„Bonn ist eine wunderbare Stadt zum Dösen." (H. von Wedderkop) „Dieses Bonn ist eine rechte Rentnerstadt." (August Macke) – solch eine Stadt kann nicht langweilig sein, solch eine Stadt lebt – mit all ihren Unzulänglichkeiten, mit ihrem Klima, mit ihrer Schönheit, mit ihren Scheußlichkeiten, also doch: „Stoßt an! Bonna lebe! Hurrah hoch!" (August von Binzer)?

Bibliographie

1. Texte und Quellen

Album di famiglia di Luigi Pirandello. Hrsg. v. Maria Luisa Aguirre D'Amico. Mit einer Anmerkung v. Leonardo Sciascia. Palermo (1979)

Ernst Moritz Arndt: Reisen durch einen Theil Teuschlands, Ungarns, Italiens und Frankreichs in den Jahren 1798 und 1799. Vierter Theil. Leipzig ²1804

Ernst Moritz Arndt: Wanderungen rund um Bonn ins rheinische Land. Hrsg. u. eingl. v. Hermann Kochs. Köln (1978)

Willibald Beyschlag: Aus meinem Leben. Bd. 1. Erinnerungen und Erfahrungen der jüngeren Jahre. Halle 1896

Heinrich Böll: Ansichten eines Clowns. Roman (München ⁶1969)

Heinrich Böll: Eine deutsche Erinnerung. Interview mit René Wintzen (München ²1982)

Briefe von und an August Wilhelm Schlegel. Erster Teil. Texte. Hrsg. v. Josef Körner. Zürich/Leipzig/Wien (1930)

Briefe Jakob Burckhardts an Gottfried (und Johanna) Kinkel. Hrsg. v. Rudolf Meyer-Kraemer. Basel 1921

John le Carré: Eine kleine Stadt in Deutschland. Roman (Reinbek ⁶1979)

Giacomo Casanova: Memoiren. Bd. 2. Lotterie und Kabbala. Esther. Köln. Bonn. Stuttgart. Bekehrung und Verführung. Voltaire. Hamburg 1959 (= Rowohlts Klassiker)

Alexandra Cordes: Wenn die Drachen steigen. Roman. München (²1976)

Alexandra Cordes: Frag nie nach dem Ende (München 1978)

Thomas Coryate: Die Venedig- und Rheinfahrt A. D. 1608. Stuttgart o. J. (= Bibliothek klassischer Reiseberichte)

Tilla Durieux: Meine ersten neunzig Jahre. Erinnerungen (Reinbek 1976)

Erinnerung an Bonn in Liedern und Bildern [Hrsg. v. Laurenz Lersch]. Bonn [1837]

Manfred Esser: Duell. Olten/Freiburg (1961)

Emanuel Geibel: Jugendbriefe. Bonn. Berlin. Griechenland. Berlin 1909

[Johann] W[olfgang] v. Goethe: Elegie romane. Übers. v. Luigi Pirandello. Illustriert v. Ugo Fleres. Livorno 1896

Johann Wolfgang v. Goethe: Aus einer Reise am Rhein, Main und Neckar in den Jahren 1814 und 1815. – In: Goethe. Poetische Werke. Autobiographische Schriften III. Berlin ³1978. S. 495–649 (= Berliner Ausgabe. Bd. 15)

Günter Grass: Aus dem Tagebuch einer Schnecke (Neuwied/Darmstadt 1972)

G[ustav] F[riedrich] W[ilhelm] Großmann: Nicht mehr als sechs Schüsseln. Ein Familien-Gemälde in fünf Aufzügen. Im Jahre 1777 verfertigt. Bonn 1780

Julius R. Haarhaus: Ahnen und Enkel. Erinnerungen. Ebenhausen (1921)

Joseph Hansen: Quellen zur Geschichte des Rheinlandes im Zeitalter der Französischen Revolution. 1780–1801. Bd. 1. 1780–1791. Bonn 1931 (= Publikationen der Gesellschaft für Rheinische Geschichtskunde. Bd. 42)

Paul Heyse: Jugenderinnerungen und Bekenntnisse. Berlin ²1900

Hoffmann von Fallersleben. Mein Leben. Aufzeichnungen und Erinnerungen. Bd. 1. Hannover 1868

Thomas Hood: Up the Rhine. Philadelphia ²1840

Michael Horbach: Gestern war der Jüngste Tag. Wien/München/Basel (1960)

Michael Horbach: Die Kanzlerreise (Bern/München 1974)

Felix Huch: Der junge Beethoven. Ebenhausen (1927)

Wilhelm von Humboldt: Tagebücher. Bd. 1. 1788–1789. Hrsg. v. Albert Leitzmann. Berlin o.J. (= Wilhelm von Humboldts Gesammelte Schriften. Hrsg. v. d. Königlich Preussischen Akademie der Wissenschaften. Bd. 14. Dritte Abteilung. Tagebücher I)

Herbert Hupka: Einladung nach Bonn. München/Wien [2](1968)

Joseph Joesten: Erinnerung an Bonn und das Siebengebirge. Ein Liederstrauß für den Freund der Natur und heimatlichen Dichtung. Bonn 1903

Alfred Kerr: Die Welt im Licht. Bd. 1. Verweile doch! Berlin 1920 (= Gesammelte Schriften in zwei Reihen)

Wolfgang Koeppen: Das Treibhaus (Frankfurt a.M. [2]1976)

Joseph Gregor Lang: Reise auf dem Rhein. Vom Siebengebirge bis Düsseldorf. Eingel. u. hrsg. v. Willy Leson. Köln (1976)

Else Lasker-Schüler: Een Brief an Willem Schmidtbonn. – In: Orplid. Literarische Monatsschrift in Sonderheften. Hrsg. v. Martin Rockenbach. 2. Jg. H. 10 (1926) [= Schmidtbonn-Sonderheft]

Der Maikäfer. Zeitschrift für Nichtphilister. Bd. 1. Jahrgang 1840 und 1841. Hrsg. v. Ulrike Brandt / Astrid Kramer / Norbert Oellers / Hermann Rösch-Sondermann. Bonn 1982 (= Veröffentlichungen des Stadtarchivs Bonn. Bd. 30)

Caroline Muhr: Freundinnen. Roman (Frankfurt a.M./Berlin/Wien 1979)

Caroline Muhr: Huberts Reise. Roman (Frankfurt a.M. 1980)

Hans Naumann/Eugen Lüthgen: Kampf wider den undeutschen Geist. Reden, gehalten bei der von der Bonner Studentenschaft veranstalteten Kundgebung wider den undeutschen Geist auf dem Marktplatz zu Bonn am 10. Mai 1933. Bonn 1933 (= Bonner Akademische Reden. H. 17)

(C[hristian] G[ottlob] N[eefe]:) Karoline Großmann. Eine biographische Skizze. Göttingen 1784

Christian Gottlob Neefe: Lebenslauf von ihm selbst beschrieben. Nebst beigefügtem Karackter. 1789. Eingel. u. hrsg. v. Walther Engelhardt. Köln 1957 (= Beiträge zur rheinischen Musikgeschichte. H. 21)

Friedrich Nietzsche: Werke III. Hrsg. v. Karl Schlechta. Frankfurt/Berlin/Wien 1976) [darin: Autobiographisches aus den Jahren 1856–1869 u. Über die Zukunft unserer Bildungs-Anstalten. Erster Vortrag]

Luigi Pirandello: Laute und Lautentwickelung der Mundart von Girgenti. Halle a.S. 1891 (= Phil. Diss. Bonn 1891)

Luigi Pirandello: Pasqua di Gea. Mailand 1891

Luigi Pirandello: Petrarca in Köln. – In: Köln und Italien (Hrsg. v. Istituto Italiano di Cultura) [Köln 1966]. S. 105 ff.

Luigi Pirandello: Saggi, poesie, scritti varii. Hrsg. v. Manlio Lo Vecchio-Musti (Mailand [4]1977) [= Opere di Luigi Pirandello. Bd. 6] <= I classici . contemporanei italiani>

Das Rheinbuch. Eine Festgabe rheinischer Dichter. Hrsg. v. Josef Ponten u. Josef Winckler. Berlin/Leipzig 1925 (darin Otto Brües)

Schillers Werke. Nationalausgabe. Bd. 23. Briefwechsel. Schillers Briefe. 1772–1785. Hrsg. v. Walter Müller-Seidel. Weimar 1956 (enthält den Brief Schillers an Großmann, im Anhang Großmanns Brief an Schiller)

Wilhelm Schmidtbonn: Der dreieckige Marktplatz. Bonn (1959)

Wilhelm Schmidtbonn: An einem Strom geboren. Frankfurt a.M. [2]1936

Johanna Schopenhauer: Ausflug an den Niederrhein und nach Belgien im Jahr 1828. Erster Theil. Leipzig 1831

174

Karl Simrock: Das Malerische und Romantische Rheinland. Bonn ⁴1865
Friedrich Spielhagen: Finder und Erfinder. Erinnerungen aus meinem Leben.
Bd. 1. Leipzig 1890
Taschenbuch für Schauspieler und Schauspielliebhaber. Offenbach 1779
Teatralia. Zámecké knihovny z Radenína [Theatralia in der Schloßbibliothek in
Radenin]. Hrsg. v. Pravoslav Kneidl. Bd. 1. Prag 1962

2. Darstellungen

Alfred Becker: Christian Gottlob Neefe und die Bonner Illuminaten. Bonn 1969
(= Bonner Beiträge zur Bibliotheks- und Bücherkunde. Bd. 21 / Veröffentli-
chungen aus den Beständen der Universitätsbibliothek Bonn. Bd. 3)
Friedrich von Bezold: Geschichte der Rheinischen Friedrich-Wilhelms-Univer-
sität. Bd. [1]. Von der Gründung bis zum Jahr 1870. Bonn 1920
Wolfgang Beyrodt: Gottfried Kinkel als Kunsthistoriker. Darstellung und
Briefwechsel. Bonn 1979 (= Veröffentlichungen des Stadtarchivs Bonn. Bd.
23)
Luigi Biagioni: Bonn im Leben und Werk des italienischen Dichters Luigi
Pirandello. – In: Bonner Geschichtsblätter. Bd. 12. Bonn 1958. S. 203–224
Luigi Biagioni: Der Dichter Pirandello in Bonn am Rhein. – In: Rheinische
Vierteljahrsblätter. 14. Jg. Bonn 1949. S. 208–213
Altbonner Bilder und Geschichten. Almanach 1976. Wilhelm Schmidtbonn
1876/1976. Bonn 1976
Blätter des Stadttheaters Bonn. Hrsg. v. der Intendanz des Bonner Stadt-
Theaters. 5. Jg. H. 4 v. 26. Nov. 1928
Werner Bollert: Die Buffoopern Baldassare Galuppis. Ein Beitrag zur
Geschichte der italienischen komischen Oper im 18. Jahrhundert. Bottrop
1935 (= Phil. Diss. Berlin 1935)
Altes Bonn. Grafische und malerische Darstellungen aus vier Jahrhunderten.
Zusammenstellung u. Texte v. Ilse Riemer. Frankfurt a. M. (1978)
Bouvier 1828–1978. Hrsg. v. Herbert Grundmann. Bonn 1978
Sieghard Brandenburg: Die Gründungsjahre des Verlags N. Simrock in Bonn. –
In: Bonner Geschichtsblätter. Bd. 29. Bonn 1977. S. 28–36
Otto Brandt: August Wilhelm Schlegel. Der Romantiker und die Politik.
Stuttgart/Berlin 1919
Max Braubach: Die „Kurfürstliche Bibliothek" in Bonn. – In: Bonner Mitteilun-
gen. H. 12. Apr. 1933. S. 12–18
Max Braubach: Carl Schurz als Bonner Student. Bonn 1929
Max Braubach: Vom Westfälischen Frieden bis zum Wiener Kongreß
(1648–1815). – In: Rheinische Geschichte. Bd. 2. Neuzeit. Hrsg. v. Franz Petri
u. Georg Droege. Düsseldorf (1976). S. 219–365
Max Braubach: Kleine Geschichte der Universität Bonn. 1818–1968. Bonn 1968
Max Braubach: Die erste Bonner Hochschule. Maxische Akademie und
kurfürstliche Universität, 1774/77 bis 1798. Bonn 1966 (= Academica
Bonnensia. Bd. 1)
Max Braubach: Die vier letzten Kurfürsten von Köln. Ein Bild rheinischer
Kultur im 18. Jahrhundert. Bonn/Köln 1931
Max Braubach: Kurköln. Gestalten und Ereignisse aus zwei Jahrhunderten
rheinischer Geschichte. Münster 1949

Max Braubach: Die Lebenschronik des Freiherrn Franz Wilhelm von Spiegel zum Diesenberg. Zugleich ein Beitrag zur Geschichte der Aufklärung in Rheinland-Westfalen. Münster 1952 (= Westfälische Briefwechsel und Denkwürdigkeiten. Bd. 4)

Max Braubach: Maria Theresias jüngster Sohn Max Franz. Letzter Kurfürst von Köln und Fürstbischof von Münster. Wien/München (1961)

Max Braubach: Kurkölnische Miniaturen. Münster (1954)

Max Braubach: Die Mitglieder der Hofmusik unter den vier letzten Kurfürsten von Köln. – In: Colloquium amicorum. Joseph Schmidt-Görg zum 70. Geburtstag. Hrsg. v. Siegfried Kross u. Hans Schmidt. Bonn 1967. S. 26–63

Max Braubach: Ein publizistischer Plan der Bonner Lesegesellschaft aus dem Jahre 1789. – In: Festschrift zum 70. Geburtstag von Ludwig Bergstraesser. Aus Geschichte und Politik. Hrsg. im Auftrag der Kommission für Geschichte des Parlamentarismus und der politischen Parteien v. Alfred Herrmann. Düsseldorf (1954). S. 21–39

Max Braubach: Bonner Professoren und Studenten in den Revolutionsjahren 1848/49. Köln/Opladen (1967) [= Wissenschaftliche Abhandlungen der Arbeitsgem. für Forschung des Landes Nordrhein-Westfalen. Bd. 38]

Max Braubach: Die Universität Bonn und die deutsche Revolution von 1848/49. Bonn 1948

Max Braubach: Die erste Bonner Universität und ihre Professoren. Ein Beitrag zur rheinischen Geschichte im Zeitalter der Aufklärung. Bonn 1947

Bernhard von Brentano: August Wilhelm Schlegel. Geschichte eines romantischen Geistes. Stuttgart 1943

Marianne Bröcker: Johanna Kinkels schriftstellerische und musikpädagogische Tätigkeit. – In: Bonner Geschichtsblätter. Bd. 29. Bonn 1977. S. 37–48

Viktor Burr/Otto Wenig: Universitäts-Bibliothek Bonn. Erfüllte Bauaufgaben. Ein Bericht. Bonn 1962

Chor um Schmidtbonn. Stuttgart/Berlin/Leipzig 1926

Paul Chrysant: Literarische Strömungen in der kurkölnischen Residenz unter den letzten Kurfürsten. Phil. Diss. Bonn 1923 (Masch.)

H(edwig) C(ohen)-B(ouvier): Den Freunden der Firma Friedrich Cohen überreicht im Jahre ihres hundertjährigen Bestehens [Umschlagtext: Hundert Jahre Friedrich Cohen Bonn]. Bonn 1929

Ellen Conradi-Bleibtreu: Im Schatten des Genius. Schillers Familie im Rheinland. Münster (1981)

Otto Dann: Die Anfänge demokratischer Traditionen in der Bundeshauptstadt. Zur Gründung der Bonner Lesegesellschaft im ausgehenden 18. Jahrhundert. – In: Bonner Geschichtsblätter. Bd. 30. Bonn 1978. S. 66–81

Otto Dann: Die Lesegesellschaften des 18. Jahrhunderts und der gesellschaftliche Aufbruch des deutschen Bürgertums. – In: Buch und Leser. Vorträge des ersten Jahrestreffens des Wolfenbütteler Arbeitskreises für Geschichte des Buchwesens. Hrsg. v. Herbert G. Göpfert. Hamburg 1977. S. 160–193 (= Schriften des Wolfenbütteler Arbeitskreises für Geschichte des Buchwesens. Bd. 1)

Gisela Dischner: Ursprünge der Rheinromantik in England. Zur Geschichte der romantischen Ästhetik. Frankfurt a. M. 1972 (= Studien zur Philosophie und Literatur des neunzehnten Jahrhunderts. Bd. 17)

Winfried Dotzauer: Bonner aufgeklärte Gesellschaften und geheime Sozietäten bis zum Jahr 1815 unter besonderer Berücksichtigung der Mitgliederbestandes der Freimaurerloge „Frères courageux" in der napoleonischen Zeit. – In: Bonner Geschichtsblätter. Bd. 24. Bonn 1971. S. 78–142

Uwe Eckardt: Carmen Sylva (1843–1916). – In: Rheinische Lebensbilder. Bd. 8. Im Auftrag der Gesellschaft für Rheinische Geschichtskunde hrsg. v. Bernhard Poll. Köln/Bonn 1980. S. 285–303

Edith Ennen/Helmut Hellberg/Walter Holzhausen/Gert Schroers: Der Alte Friedhof in Bonn. Geschichtlich, biographisch, kunst- und geistesgeschichtlich. Hrsg. v. der Stadt Bonn (Bonn [4]1981)

Edith Ennen: Geschichte der Stadt Bonn. II. Teil. Bonn (1962)

Edith Ennen: Gottfried Kinkel (1815–1882). – In: Rheinische Lebensbilder. Bd. 1. Im Auftrag der Gesellschaft für rheinische Geschichtskunde hrsg. v. Edmund Strutz. Düsseldorf 1961. S. 168–188

Edith Ennen/Dietrich Höroldt: Vom Römerkastell zur Bundeshauptstadt. Kleine Geschichte der Stadt Bonn. Hrsg. v. der Stadt Bonn. Bonn [3](1976)

Wilhelm Erman: Geschichte der Bonner Universitätsbibliothek (1818–1901). Halle a. S. 1919 (= Sammlung bibliothekswissenschaftlicher Arbeiten. H. 37/38. Serie 2. H. 20/21)

Albert Fischer: Das Bonner Theaterwesen. – In: Bonn und seine nähere und weitere Umgebung. Hrsg. im Auftr. d. Stadt Bonn im Benehmen mit den beteiligten Gemeinden v. Eduard Spoelgen. Düsseldorf 1926. S. 95f.

(Moritz) Fürstenau: Christian Gottlob Neefe. – In: Allgemeine Deutsche Biographie. Bd. 23. Leipzig 1886. S. 359–362

August Gebauer: Bonn und seine Umgebung. Bonn 1819

Gaspare Giudice: Luigi Pirandello (Turin 1963)

Karl Gutzmer: Johann Peter Eichhoff. Ein rheinischer Republikaner (1755–1825). – In: Aus Geschichte und Volkskunde von Stadt und Raum Bonn. Festschrift Josef Dietz zum 80. Geburtstag. Hrsg. v. Edith Ennen u. Dietrich Höroldt. Bonn 1973. S. 233–251

Oskar Häring et al.: Georg Stilke. Denkschrift und Arbeitsbericht. Berlin 1922

Oskar von Hase: Emil Strauß, ein deutscher Buchhändler am Rheine. Gedenkbuch eines Freundes. Leipzig 1907

F(elix) Hauptmann: Das Innere des Bonner Schlosses zur Zeit Clemens Augusts. Bonn (1901) [= Bilder aus der Geschichte von Bonn und seiner Umgebung] <= Aus kurfürstlicher Zeit. Sammelband. Jüngere Zeit. 8 Beiträge>

A. Henseler: Andrea Luchesi, der letzte Bonner Hofkapellmeister zur Zeit des jungen Beethoven. Ein Beitrag zur Musik- und Theatergeschichte des 18. Jahrhunderts. – In: Bonner Geschichtsblätter. Bd. 1. Bonn 1937. S. 225–364

Th. A. Henseler: Beiträge zur Geschichte des Bonner Buch- und Zeitungsverlages. – In: Bonner Geschichtsblätter. Bd. 7. Bonn 1953. S. 7–131

(Manfred Herbert/Theodor Herbert/Otto Wenig:) Hermann Behrendt. Buchhandlung. Antiquariat. Verlag. 1872–1972 (Bonn 1972)

Werner Hesse: Der große Brand des kurfürstlichen Schlosses zu Bonn am 15. Januar 1777. Bonn 1876

Werner Hesse: Führer durch Bonn und seine Umgebung. Neu bearb. v. Rudolf Schultze. Bonn [11]1904

Willi Hirdt: Pirandello a Bonn, ovvero „due autori in cerca d'un personaggio". – In: Pirandello Poeta. Hrsg.v. Paola Daniela Giovanelli (Florenz 1981). S. 69–94 (Kongreßakten)

H[einrich] H[ubert] Houben: Die Rheingräfin. Das Leben der Kölnerin Sibylle Mertens-Schaaffhausen. Dargestellt nach ihren Tagebüchern und Briefen. Essen (1935)

Paul Egon Hübinger: Thomas Mann, die Universität Bonn und die Zeitgeschichte. Drei Kapitel deutscher Vergangenheit aus dem Leben des Dichters. 1905–1955. München/Wien 1974

B[ernhard] Hundeshagen: Die Stadt und Universität Bonn am Rhein. Mit ihren Umgebungen und zwölf Ansichten dargestellt. Bad Honnef 1978 (= Nachdruck der Ausg. 1832)

Martin Jacob: Kölner Theater im XVIII. Jahrhundert bis zum Ende der reichsstädtischen Zeit (1700–1794). Emsdetten 1938 (= Die Schaubühne. Bd. 21)

Vierzig Jahre Stadtbücherei Bonn. 1943–1983 (Hrsg. v. der Stadtbücherei Bonn. Bonn 1983)

Joseph Joesten: Bilder und Skizzen vom Rhein. Köln (1905)

Paul Kaufmann: Johanna und Gottfried Kinkel. Nach Kaufmannschen Familienpapieren. – In: Annalen des Historischen Vereins für den Niederrhein. H. 118. Düsseldorf 1931. S. 105–131

Paul Kaufmann: Johanna Kinkel. 1810–1858. Köln 1930

Paul Kaufmann: Johanna Kinkel. Neue Beiträge zu ihrem Lebensbild. Berlin 1931 (= Schriftenreihe der Preußischen Jahrbücher. Nr. 22)

Hans-Jörg Knobloch: Das Ende des Expressionismus. Von der Tragödie zur Komödie. Bern/Frankfurt a. M. 1975 (= Regensburger Beiträge zur deutschen Sprach- und Literaturwissenschaft. Reihe B. Bd. 1)

Gisbert Knopp/Wilfried Hansmann: Universitätsbauten in Bonn (Neuss 1976) [= Rheinische Kunststätten. Hrsg. v. Rheinischen Verein für Denkmalpflege und Landschaftsschutz. H. 190]

Joseph Kürschner: Gustav Friedrich Wilhelm Großmann. – In: Allgemeine Deutsche Biographie. Bd. 9. Leipzig 1879. S. 752–756

Kurfürst Clemens August. Landesherr und Mäzen des 18. Jahrhunderts. Ausstellung in Schloß Augustusburg zu Brühl. 1961. Köln (1961) [Katalog]

Georg Lange: Der Dichter Arndt. Berlin 1910 (= Berliner Beiträge zur germanischen und romanischen Philologie. 37. Germ. Abt. No 24)

Enzo Lauretta: Luigi Pirandello. Storia di un personaggio „fuori di chiave". I luoghi. Il tempo. La vita. Le opere. L'ideologia (Mailand 1980)

[Laurenz Lersch:] Die rheinische Friedrich-Wilhelms-Universität zu Bonn. Bonn 1839

Irmgard Leux: Christian Gottlob Neefe (1748–1798). Leipzig 1925 (= Veröffentlichungen des Fürstlichen Instituts für musikwissenschaftliche Forschungen zu Bückeburg. Fünfte Reihe. Bd.2) [= Phil. Diss. 1921]

Heinrich Lewy: Christian Gottlob Neefe. Rostock 1901 (= Phil. Diss. Rostock 1901)

Heinrich Lützeler: Die Bonner Universität. Bauten und Bildwerke. Bonn 1968

Paul Metzger: August Macke an Wilhelm Schmidtbonn. Dokumente einer Freundschaft aus den Jahren 1905–1909. – In: Bonner Geschichtsblätter. Bd. 29. Bonn 1977. S. 163–185

v. Molo: Nachruf auf Wilhelm Schmidtbonn. – In: Jahrbuch 1952. Hrsg. v. der Akademie der Wissenschaften und der Literatur Mainz. Wiesbaden [1953]. S. 136–140

Hugo Moser: Karl Simrock. Universitätslehrer und Poet, Germanist und Erneuerer von „Volkspoesie" und älterer „Nationalliteratur". Ein Stück Literatur-, Bildungs- und Wissenschaftsgeschichte des 19. Jahrhunderts. Bonn 1976 (= Academica Bonnensia. Bd. 5)

Richard Mummendey: Die Bibliothekare des Wissenschaftlichen Dienstes der Universitätsbibliothek Bonn. 1818–1968. Bonn 1968 (= Bonner Beiträge zur Bibliotheks- und Bücherkunde. Bd. 19)

Edmund Nacken: Die Minervalkirche von Stagira. Zur Geschichte des Illumina-
ten-Ordens im kurfürstlichen Bonn. – In: Bonner Geschichtsblätter. Bd. 1.
Bonn 1937. S. 167–175

Federico Vittore Nardelli: Vita segreta di Pirandello. Rom (1962)

Josefine Nettesheim: Wilhelm Junkmann. Dichter. Lehrer. Politiker. Historiker. 1811–1886. Münster (1969)

Josefine Nettesheim: Wilhelm Junkmanns Studienjahre und Promotion
1844–1847. – In: Bonner Geschichtsblätter. Bd. 19. Bonn 1965. S. 119–127

Max Nord: The Unknown Pirandello. – In: Atti del Congresso internazionale di
studi pirandelliani. Venedig, 2.–5. Oktober 1961. (Florenz 1967). S. 829–838
(Kongreßakten)

Fred Oberhauser/Gabriele Oberhauser: Literarischer Führer durch Deutschland. Ein Insel-Reiselexikon für die Bundesrepublik Deutschland und Berlin.
Frankfurt a. M. (1983)

Norbert Oellers: Geschichte der Literatur in den Rheinlanden seit 1815. – In:
Rheinische Geschichte. Bd. 3. Wirtschaft und Kultur im 19. und 20.
Jahrhundert. Hrsg. v. Franz Petri u. Georg Droege. Düsseldorf (1979). S.
553–696

Walther Ottendorff-Simrock: Literarisches Biedermeier am Rhein. Eine Stu-
die. – In: Bonner Geschichtsblätter. Bd. 27. Bonn 1975. S. 72–116

Walther Ottendorff-Simrock: Das Haus Simrock. Ein Beitrag zur Geschichte
der kulturtragenden Familien des Rheinlandes mit zwölf Bildern. Ratingen
(1954)

Walther Ottendorff-Simrock: Sibylle Mertens-Schaaffhausen und ihr Stamm-
buch. – In: Bonner Geschichtsblätter. Bd. 14. Bonn 1960. S. 30–68

Walther Ottendorff-Simrock: Die Stimme des Rheins. Der Strom im Spiegel der
Dichter des 18. und 19. Jahrhunderts. Ein rheinisches Lese- und Bilderbuch
(Honnef 1956)

Johannes Paul: Ernst Moritz Arndt. „Das ganze Teutschland soll es sein!"
Göttingen/Zürich/Frankfurt (1971) [= Persönlichkeit und Geschichte. Bd.
63/64]

Heinz Ernst Pfeiffer: Theater in Bonn von seinen Anfängen bis zum Ende der
franz. Zeit (1600–1814). Emsdetten 1934 (= Die Schaubühne. Bd. 7)

Elisabeth Pieper: Organisation und Verwaltung des kurkölnischen Hofstaates
in den Jahren 1784–1794. Phil. Diss. Bonn 1949 (Masch.)

Doris Pinkwart: Karl Simrock (1802–1876). Bonner Bürger, Dichter und
Professor. Dokumentation einer Ausstellung. Bonn 1979 (= Veröffentlichungen des Stadtarchivs Bonn. Bd. 21)

Marlies Prüsener: Lesegesellschaften im 18. Jahrhundert. Ein Beitrag zur
Lesergeschichte. Phil. Diss. München 1970/71 (= Sonderdruck aus: Archiv
für Geschichte des Buchwesens. Bd.13. 1./2. Lieferung 1972. Sp. 369–594)

Franz Rauhut: Der junge Pirandello oder das Werden eines existentiellen
Geistes. München (1964)

Trudis E. Reber: Wilhelm Schmidtbonn und das deutsche Theater. Emsdetten
(1969) [= Die Schaubühne]

Edmund Renard: Clemens August. Kurfürst von Köln. Bielefeld/Leipzig 1927
(= Monographien zur Weltgeschichte. Bd. 33)

Wolfgang Reuter: Die Kurkölnische Hofbuchdruckerei zu Bonn 1652–1794. –
In: Bonner Geschichtsblätter. Bd. 12. Bonn 1958. S. 156–183

Wolfgang Reuter: Zur Wirtschafts- und Sozialgeschichte des Buchdruckgewer-
bes im Rheinland bis 1800 (Köln – Bonn – Düsseldorf). Phil. Diss. Bonn 1958
(= Sonderdruck aus: Archiv für Geschichte des Buchwesens I/1958. Frankfurt a. M. 1958. S. 642–736)

Ilse Riemer: Bildchronik der Bonner Universität. Ein Rückblick ins 19. Jahrhundert. Bonn (1968)
Ilse Riemer: Altbonner Bilderbuch. Das Antlitz der Stadt im Wandel der Zeit. Mit einem Geleitwort v. Edith Ennen. Bonn ²[1971]
Hermann Rösch: Gottfried Kinkel. Rheinischer Dichter und Demokrat. – In: Festschrift Ernst-Kalkuhl-Gymnasium. 1880–1980. Bonn 1980. S. 170–176
Hermann Rösch-Sondermann: Gottfried Kinkel als Ästhetiker, Politiker und Dichter. Bonn 1982 (= Veröffentlichungen des Stadtarchivs Bonn. Bd. 29)
Günter Röttcher: Ein Haus empfiehlt sich. – In: Ein Haus empfiehlt sich. Festschrift zur Eröffnung der Zentralbibliothek der Stadtbücherei Bonn im alten Stadthaus am Bottlerplatz. Bonn 1980. S. 7–27
Erich Rothacker: Berühmte Bonner Professoren. – In: Die Rheinische Friedrich-Wilhelms-Universität. Ihre Rektoren und berühmte Professoren. Hrsg. v. Rektor u. Senat zur 125. Wiederkehr des Gründungstages (18. Oktober 1818). Bonn 1943. S. 11–43 (= Kriegsvorträge der Rheinischen Friedrich-Wilhelms-Universität Bonn. Bd. 2)
Karl Ruckstuhl: Geschichte der Lese- und Erholungsgesellschaft in Bonn. – In: Bonner Geschichtsblätter. Bd. 15. Bonn 1961. S. 26–180
Josef Ruland: Echo tönt von sieben Bergen. Das Siebengebirge – ein Intermezzo europäischer Geistesgeschichte in Dichtung und Prosa. Boppard (1970)
Richard Sander: Die Bonner Universitäts-Bibliothek in ihrer geschichtlichen Entwicklung. – In: Bonner Mitteilungen. H. 12. Apr. 1933. S. 18–34
Karl Heinz Schaefer: Ernst Moritz Arndt als politischer Publizist. Studien zu Publizistik, Pressepolitik und kollektivem Bewußtsein im frühen 19. Jahrhundert. Bonn 1974 (= Veröffentlichungen des Stadtarchivs Bonn. Bd. 13)
O(tto) F(riedrich) Scheuer: Friedrich Nietzsche als Student. Bonn 1923 (= Aus dem Studentenleben berühmter Männer)
O(tto) F(riedrich) Scheuer: Heinrich Heine als Student. Bonn 1922 (= Aus dem Studentenleben berühmter Männer)
Ludwig Schiedermair: Der junge Beethoven. Neu bearb. v. Ludwig-Ferdinand Schiedermair. Wilhelmshaven (1970)
Wilhelm Schmidtbonn und Gustav Wunderwald. Dokumente einer Freundschaft. 1908–1929. Hrsg. v. Hildegard Reinhardt. Bonn 1980 (= Veröffentlichungen des Stadtarchivs Bonn. Bd. 24)
Charlotte Schürfeld: Die Universitätsbibliothek Bonn 1921–1968. Erlebte Bibliotheksgeschichte. Bonn 1974 (= Bonner Beiträge zur Bibliotheks- und Bücherkunde. Bd. 25)
Albert Schulte: Ein englischer Gesandter am Rhein. George Cressener als Bevollmächtigter Gesandter an den Höfen der geistlichen Kurfürsten und beim Niederrheinisch-Westfälischen Kreis. 1763–1781. Bonn 1971 (= Veröffentlichungen des Stadtarchivs Bonn. Bd. 7)
F(ranz) Schulz: Das literarische Leben. – In: Die Rheinprovinz. 1815–1915. Hundert Jahre preußischer Herrschaft am Rhein. Bd. 2. Bearb. u. hrsg. v. Joseph Hansen. Bonn 1917. S. 385–409
Karl Heinz Stader: Bonn und der Rhein in der englischen Reiseliteratur. – In: Aus Geschichte und Volkskunde von Stadt und Raum Bonn. Festschrift Josef Dietz zum 80. Geburtstag. Hrsg. v. Edith Ennen u. Dietrich Höroldt. Bonn 1973. S. 117–153
Karl Heinz Stader: Henry und William James in Bonn. – In: Bonner Geschichtsblätter. Bd. 27. Bonn 1975. S. 160–172
Eduard Stemplinger: Nachromantiker. Kinkel. Redwitz. Roquette. Carrière. Bodenstedt. Schack. Hrsg. v. Eduard Stemplinger. Leipzig 1938 (= Deutsche

Literatur. Sammlung literarischer Kunst- und Kulturdenkmäler in Entwicklungsreihen. Reihe Formkunst. Bd. 2)

Heinz Stolz: Wilhelm Schmidtbonns rheinische Erzählungen. – In: Das neue Rheinland. Rheinische Halbmonatsschrift für Politik, Kultur, Kunst und Dichtung. 1. Jg. H. 8. Febr. 1920. S. 236–240

Charlotte Strasser: Wilhelm Schmidtbonn. – In: Das neue Rheinland. Halbmonatsschrift für Politik, Kultur, Kunst und Dichtung. 1. Jg. H. 8. Febr. 1920. S. 225–229

Marlies Stützel-Prüsener: Die deutschen Lesegesellschaften im Zeitalter der Aufklärung. – In: Lesegesellschaften und bürgerliche Emanzipation. Ein europäischer Vergleich. Hrsg. v. Otto Dann. München (1981). S. 71–86

Marianne Thalmann: August Wilhelm von Schlegel. – In: August Wilhelm von Schlegel. Bad Godesberg 1967. S. 5–30

Alexander Wheelock Thayer: Ludwig van Beethovens Leben. Bd. 1. Neu bearb. u. eingel. v. Hermann Deiters. Berlin ²1901

Die Theaterwelt. Programmheft der Städtischen Theater Düsseldorf (Schmidtbonn-Sonderheft). H. 1. 1. Febr. 1926

Irmgard Thomas: Gelehrtes und musisches Bonn. Bonn/Berlin 1939

Irmgard Thomas: Der kurfürstliche Hof in Bonn. Bonn/Berlin 1939

Irmgard Thomas: Poetische Wallfahrt zum Rhein. Bonn/Berlin 1941

Joseph Walterscheid: Dreihundert Jahre Theater in Bonn. – In: Bonn und sein Theater. Hrsg. im Auftrag der Stadt Bonn v. Generalintendant Karl Pempelfort. Bonn (1965). S. 19–32

Joseph Walterscheid: Das Bonner Theater im neunzehnten Jahrhundert (1797 bis 1914). Emsdetten (1959) [= Die Schaubühne. Bd. 52]

Eva Weissweiler: Komponistinnen aus 500 Jahren. Eine Kultur- und Wirkungsgeschichte in Biographien und Werkbeispielen (Frankfurt a. M. 1981)

Otto Wenig: Buchdruck und Buchhandel in Bonn. Bonn 1968

Irmgard Wolf: „Als käme er aus dem Zauberberg. . .". Zum Werk des Dichters Wilhelm Schmidtbonn. – In: Bonner Geschichtsblätter. Bd. 30. Bonn 1978. S. 122–132

Jos[eph] Wolter: Gustav Friedrich Wilhelm Grossmann. Ein Beitrag zur Geschichte des ersten Bonner kurfürstlichen Hoftheaters. – In: Rheinische Geschichtsblätter. 4. Jg. Nr. 1. Bonn 1898. S. 1–18

Joseph Wolter: Gustav Friedrich Wilhelm Grossmann, ein Beitrag zur deutschen Litteratur- und Theatergeschichte des 18. Jahrhunderts. Köln 1901 (= Phil. Diss. Bonn 1901)

E. Charlotte Zeim: Die rheinische Literatur der Aufklärung (Köln und Bonn). Jena 1932

3. Archivmaterial

A. Henseler: Das literarische Leben in Bonn. Eine kleine Bonner Literaturgeschichte. Artikelfolge im Westdeutschen Beobachter. 21. 1.–23. 2. 1942 (Stadtarchiv Bonn. Ie 536)

Theodor Anton Henseler: Musik, Literatur und Theater in der Geistesgeschichte der Residenz- und Universitätsstadt Bonn (ungedrucktes Manuskript, ca. 1950. Stadtarchiv Bonn. Ii 260)

Übertragung eines handschriftlichen Berichts des Buchhändlers Friedrich Gottlieb Opitz über seine Lehrzeit in Bonn aus dem Jahre 1918 (Buchhandlung Röhrscheid)

Ausschnitt aus einem Theaterkalender (Theater-Kalender auf das Jahr 1780 [Gotha]?) <Stadtarchiv Bonn. Ik 160>

Abbildungsverzeichnis

Archiv der Autoren: 4, 20 (Foto: von Seggern, Rom), 21 (Foto: von Seggern, Rom), 28, 31, 58 (Foto: Stephan Haubrich, Siegburg) · Archiv der Buchhandlung Bouvier: 44 · Archiv der Gilde-Buchhandlung: 51, 52 · Archiv der Buchhandlung Lempertz: 49 · Archiv der Buchhandlung Röhrscheid: 47 (entnommen aus: Bonner Commersbuch. Ludwig Röhrscheid, Bonn o. J.), Abb. auf Seite 138 · Archiv der Universität Bonn: Abb. auf den Seiten 86 u. 87 · Landesbildstelle Rheinland, Düsseldorf: 18 · Landesbildstelle Westfalen, Münster: 5 · Landschaftsverband Rheinland. Rheinisches Amt für Denkmalpflege, Bonn: 8 · Rheinisches Bildarchiv, Köln: 9 · Stadtarchiv Bonn: 1–3, 6, 7, 11–17, 19, 23–27, 30, 33–35, 37–43, 45, 48, 53, 55–57, 61, Abb. auf Seite 60, Vor- u. Hintersatzblatt · Stadtbücherei Bonn: Abb. auf Seite 115 (zur Verfügung gestellt von Dr. Günter Röttcher) · Theatermuseum des Instituts für Theaterwissenschaft der Universität Köln, Schloß Wahn, Köln: 54 · Universitätsbibliothek Bonn, Handschriftenabteilung: 22, 29, 32, Abb. auf Seite 84 · entnommen aus: Album di famiglia di Luigi Pirandello. Hrsg. v. Maria Luisa Aguirre D'Amico. Mit einer Anmerkung v. Leonardo Sciascia, Palermo 1979, Abb. 20: 36 · entnommen aus: Emil Strauss. Ein Deutscher Buchhändler am Rheine. Von Oskar von Hase, Leipzig 1907: 46 · entnommen aus: Hermann Behrendt. Buchhandlung – Antiquariat-Verlag. 1872–1972. Festschrift 100 Jahre im Familienbesitz, Bonn 1972, S. 10: 50 · entnommen aus: Dr. med Hans-Wilhelm Gutacker: Medizinische Aspekte des Umweltschutzes in der Stadt- und Gemeindeentwicklungspolitik, in: Bauen und Gesundheit. II. Bonner Symposion, 19. April 1980. Hrsg. v. d. Friedrich-Thieding-Stiftung des Hartmannbundes, Bonn 1980, S. 21–37, S. 29: 60 (Foto: Dr. med. Hans-Wilhelm Gutacker, Bonn; Titel: Inversion im Rheintal)

Namenregister

186

BONN U

N   O   A   B

Schiessstände
Exercierplatz
Bismarckthurm

Kaise

Cassi

Klingelhäuschen

Feldweg

Friesdorfer Strasse

Dottendorf

Gemeinde Dottendorf

Park

Ravensburg

Villa Pinon

Neuer Park

Villa Müller

Neuer Friedhof

Mechen-Strasse (Kessenich)

Karthäuser

Alter Friedhof

Schulen

Peters' Privat-Heil-Anstalt

Neue Kirche

Kirche

Dottenhof

von Coblenz

Kessenich

Post

Markus-Strasse

Schule

Sport Platz

von Coblenz

Linkerheinische Staatsbahn

von Godesberg

Coblenzer Kaiser Strasse

Brückenstrasse

Coblenzer Strasse

Bonner Süssstoff-Fabrik

Bonner Pferdebahn

Palais
Prinz Schaumburg

Villa Dahm

Gronau

Ebbinghaus

Villa Prieger

Masel

Bahnhof
BONN-TRAJECT

Bonnerwerth

Rheinanlagen

Villa Camphausen

Kaiserliche Villa

Porzellan-Fabr.
Fr. A. Mehlem

Übergang

Stadtgarten

Spielwiese

Bismarckshöhe

R H I

von Oberkassel

von Oberkassel

von Oberkassel

Rhein-Strasse

7

MASSSTAB 1:10.000

Erklärung der Strassenbahnen:
— Vorgebirgsbahn   — Godesberger Dampf-
bahn   — Pferdebahn   — Electrische Stras-
senbahn   ········· Project. Strassen.
P-J. Polizei-Inspection.
PC. Polizei-Commissariat   ○ Feuer-
□ Hausnummern der Hauptverkehrs-Strassen.   Meldestelle

**P L A N
D E R
STADT ⚜ BONN
MIT NÄCHSTER UMGEBUNG**

ANGEFERTIGT AUF GRUND AMTLICHEN MATERIALS

Beuel

8